JN118967

北海道中小企業家同友会 編

共同文化社

発刊にあたって

新型コロナウイルスの出現によって、世界は大きく変わりました。終息が見えない中で、ふと思うのは、先輩の経営者たちは、これまで体験された危機を、どのように乗り越えてこられたのだろうという疑問です。

中小企業家同友会は、経営者が互いの悩みを持ち寄り、解決の糸口を見つけ出していく「学び合い」を特徴とする経営者団体です。設立から半世紀を経て、道内の会員は5千7百人あまり。その機関紙である『中小企業家しんぶん』北海道版に連載されている『わが人生わが経営』は、70代、80代の先輩会員経営者へのインタビュー記事で、2013年には1冊の本にまとめられました。

そしてこの度、その続編が出版されることになりました。

中小企業経営者にとって、会社と事業は人生そのものです。従業員や家族、取引先の協力を得て労苦を乗り越えてこられた85人の体験は実に貴重です。

滋味豊かな写真の笑顔を見ているだけでほっこりし、いつしか元気が湧いてくることでしょう。

ぜひお一人おひとりの頁を紐解いて、対話してみて下さい。響きあうものが必ずあることと存じます。

2021年10月

一般社団法人 北海道中小企業家同友会

代表理事 藤井 幸一

わが人生 わが経営　第2集―もくじ

わが人生 わが経営　第２集—もくじ

わが人生 わが経営　第２集—もくじ

凡例

本書は「中小企業家しんぶん」北海道版2010年6月号。2013年5月号～2021年8月号に連載された「わが人生わが経営」に一部訂正を加えたものです。

収録の方々の職名、本文中の職名などは新聞掲載時のままとします。ただし、企業の内容は2021年9月現在のデータです。

収録は掲載順とし、敬称略としています。

わが人生わが経営

【第2集】

株式会社福村書店　代表取締役

下斗米　ミチ

しもとまい・みち　1923(大正12)年、現在の朝鮮民主主義人民共和国新義州に生まれる。75(昭和50)年、福村書店(本社・北見)の代表取締役に就任。81年5月、同友会に入会。91(平成3)年から98年まで8期にわたり、北見支部(現オホーツク支部)の支部長を務める。現在は相談役。

株式会社福村書店　(オホーツク支部)

〒090-0027 北見市北7東1-6
TEL(0157)23-3330
業務内容　書籍・雑誌小売業
設　　立　1947年設立
資 本 金　5,400万円
従業員数　16名

外商で培った絆が財産

苦労を楽しみに変える力が

「くよくよしたって始まらない。前を向いて歩くしかないんです。おだてに乗りやすいのがわたしの性格。苦労しても、きっとそれを楽しみに変える力があるんだね」。下斗米さんはそう言って顔をほころばせます。

戦後、現在の中国東北部から満州鉄道の社員だった夫と夫の母らとともに引き揚げて北見に戻り、1947(昭和22)年、知人の勧めで書店を開業。「福村」の名は義妹の姓で、「当時、市役所が引き揚げ者のためにバラックの店舗を提供しており、その抽選に当たったのが義妹だったので、福村書店の看板を掲げました」。

わずか2坪。戸板の上に本と文具を並べただけの書店。北見市内では後発組だった

株式会社福村書店　下斗米 ミチ

そうです。「主人は無愛想な人。とても客商売向きじゃない。だからわたしが売りに行くしかなかった。普通だったら旦那が売りに歩くよね。うちの場合は逆。当初はリヤカーも無く、わたしは自転車に乗れないので背負って歩くしかなかった」

竹で編んだかご、引き揚げのときに背負ってきたリュックサックに本を詰め込み、市内だけではなく近隣の町村にも足を伸ばし、外売り（外商）を続けます。

早朝から夕方まで歩き通し。店に戻ってからは午後11時まで店番。そんな毎日だったと振り返ります。「多分、わたしがやらなければならないという気持ちが強かったのでしょう。苦にもならなかったね。外商に出て、お客さまを1軒1軒訪ね歩いたことが、書店の経営だけでなく、わたし自身にとっても大きな財産になりました。感謝しています」

5人きょうだいの上から2番目という下斗米さんは、4歳のときに母の姉に当たる伯母の家の養女となり、訓子府町に。「わたし自身は伯母さんの家に遊びに来たぐらいに考えていましたが、ある日『きょうから伯母さんでなく、お母さんだよ』と告げられ、それがすごくショックで…」。そのときの伯母の姿を今でも鮮明に覚えていると言います。「それ以降、子ども心にも遠慮というものが生まれたのでしょう。それがずっと続きました」

その一方で、「人に頼らないで生きていこう」との強い思いが芽生えてきたとも。「神も仏もない。自分でやるしかない」

尋常小学校高等科の卒業生総代を務め、先生からは授業料のいらない教員養成所に入るように勧められますが、バス会社の車掌として就職。「教員養成所は寮もあり、食事代もいらないという好条件だったが、少しでも早くお金を稼がなくてはという気持ちで一杯だったんでしょう」

1年半後、より給料が良い郵便局に転職。「もらった給料をうちに入れていたため、自分の小遣いはあんパン一つ買えるぐらいなもの。でも、その時代はみんなが同じようなものでしたね」

夫と死別し、52歳の時に2代目社長に就任。文字通り大黒柱となります。「当時は景気が良くて、外商をやらなくても商売が十分に成り立つような時代でした。東京などでも外商をやっている店が少なくなっており、周りからは『時代遅れだ』と随分言われたものです。でもわたしはお客さんとのつながりが大事だから絶対にやめなかった。一転、景気が悪くなり、店頭での販売が思わしくなくなると、今度は『先見の明がある』などとほめられる。信念を曲げなくて本当によかったと思っています」

経営は今、長男の一訓さんに任せていますが、毎日午前6時には出社。「戦後生まれの人は、後片付けがしっかりしてないので、もっぱらそれがわたしの役割。なかなか退職させてくれないんですよ」と優しい目を細めます。

ことし1月末、軽い脳梗塞を患い、ひと月ほどの入院生活を経験。「大病したのは今回が初めて。本来、風邪もひかない健康体。免疫力が強いのでしょうか、いつも放っておけば直ってしまうんです」

笑顔、健康を大切にして、精いっぱいに毎日を生きるよう心掛けてきたそうです。「外商でよく歩いたため健康に過ごせ、多くの友達からはいつも声を掛けてもらっています。いろいろとつらく悲しい思いもしましたが、今考えるとそうは思わないね」

後進には「考え過ぎると行動できなくなる。理屈ばかり言わないで、とにかくやってみること」。そう人生の道しるべを示します。北海道同友会には12の支部がありますが、女性の支部長経験者は今なお、下斗米さんお一人です。

（2010年6月号掲載）

伏木　忠了

北電力設備工事株式会社　代表取締役会長

ふしき・ちゅうりょう　1932(昭和7)年5月12日生まれ。滋賀県下草野村(現・長浜市)出身。電力設備工業での勤務を経て、59年に北電力設備工事を創業。98年に代表取締役会長に就任した。同友会には75年に入会。81年から2006年まで理事、1987年から92年まで常任理事を務めた。

北電力設備工事株式会社 （札幌支部）

〒060-0062 札幌市中央区南2西12-323　212ビル
TEL(011)272-3911
業務内容　電気工事、通信工事、ロードヒーティング
設　　立　1960年設立
資 本 金　4,800万円
従業員数　70名

逆境が新たな仕事に

モンゴルへの進出模索

北電力設備工事株式会社　伏木 忠了

「私が道筋をつけて方向性を決める。後は細かいことを指示せずに社員を信じ、全てを任せてきました。それが会社が成長した理由でしょうか」。この言葉からは自らが率先して動き、トップの姿勢を見せることで社員を引っ張り、信頼関係を構築してきたという自負心がうかがえます。

滋賀県下草野村(現・長浜市)に生まれた伏木さんは、芝浦工業大学で電気工学を学び、教授の紹介で１９５５年に電力設備工業へ就職。最初の赴任地である東京では木造住宅や池袋変電所などの工事で経験を積み、57年に転勤した大阪では朝日ビルディング大ホールの照明工事に携わりました。

北海道支店には58年に転勤。ＨＢＣの開局から関連施設の電気工事を担当していたこともあり、手稲山送信所の鉄塔、ＨＢＣのスタジオ照明工事などを手掛け、ＮＨＫ、ＳＴＶのスタジオも請け負いますが、59年に突然会社が倒産してしまいます。「同僚が皆本州に帰る中、私は各局のスタジオ工事を担当していたため、放送局からいなくなると困ると言われたんです。どうしようかと悩みましたが、事業を続けるために独立しようと決断しました」。同年、北電力設備工事を創業し、60年に会社組織を設立します。

その後も日本電信電話公社による全道各地の鉄塔といった仕事が次々と舞い込み、三井鉱山の三井美唄炭鉱閉山作業、芦別変電所新設などへとつながっていきます。「苦労もありましたが、私が幸運だったのは手稲山送信所での仕事ぶりを見て、技術力を評価してくれた人がいたことです。それが会社の信用となり、受注につながっていったんでしょうね」

民間工事で順調に業績を伸ばす傍ら、札幌市や道庁などの官庁工事にも進出。新規参入ということで、最初は修繕、メンテナンス業務から始めて実績を積んでいくと、技術力や対応力の高さが評判を呼び、73年に施設メンテナンス事業のキタデン、83年には営繕工事を展開するキタデン工事（現ニイチニ電設）を設立します。「当時は年齢も若く、業界にとっては新参者だったので周囲には反発もありました。しかし、そうした厳しい環境が新たな仕事を生み出すきっかけとなり、良い方向へ向かっていきました」と振り返ります。

北海道ではどうしても冬場に工事が少なくなりますが、「逆にチャンスだ」と前向きに捉えました。冬期間を利用し、ＮＨＫの東京放送会館といった本州での工事に参加したり、業界団体の海外視察を通じて付き合いのあった三菱電機が手掛けるサウジアラビアやクウェートなどでのプロジェクトに社員を送り込んだりと、積極的に打って出て活路を開きました。

98年には代表取締役会長に就任し、経営の第一線から退きますが、ボランティアなどに忙しく動き回る毎日に変わりはありません。長年続けてきたベトナムワークキャンプといった国際交流活動のほか、モンゴルへの事業参入に向けた取り組みを進めており、年間8～10回程度も海外を訪れるほどです。

モンゴルとのつながりが生まれたきっかけは、2012年にウランバートルで開かれた世界冬の市長会議でした。アドバイザーとして出席し、現地の環境問題や電力不足への対策として太陽光発電を提案。「石炭火力発電所のように大気汚染物質を発生しないのが利点。3～4カ月で設置でき、投資額も約15年で回収できるはず」と発言すると、ウランバートルの市長や幹部が興味を持ち、その後も続くやり取りが始まります。2012年度には中小企業基盤整備機構の中小企業海外展開支援体制整備事業を活用し、モンゴルでの太陽光発電システム関連事業への参入の可能性を検討しました。
　これまでに築いた人脈を通じ、モンゴルのさまざまな人から課題を解消する方策はないか、と意見を求められることが多く、発電所増設や、民間住宅における深夜電力利用の蓄熱暖房機設置など、既に進出している道内企業と連携しながら具体的な事業も提案しています。「本格的に進出するかどうかはこれからですが、モンゴルで事業展開を図ることは、私が自分に課した宿題ですね」と充実感に溢れた日々を送っています。
　同友会には同業他社の紹介で75年に入会。81年から2006年まで理事、1987年から92年まで常任理事を務めました。「中同協総会で沖縄を訪れたことなど思い出は色々ありますが、やはり人との出会いが一番印象深いですね。三神純一代表理事をはじめ、多くの仲間から刺激を受け、ますます仕事に精進しました」と仲間との出会いに感謝しています。

（2013年5月号掲載）

北電力設備工事株式会社　伏木 忠了

柏崎　俊雄

アイ・ティ・エス株式会社　取締役相談役

かしわざき・としお　1939（昭和14）年4月26日生まれ、栃木県小山市出身。北星情報処理開発を退職した後、87年にアイ・ティ・エスを設立した。2012年からは取締役相談役。同友会には前職時代の81年に入会。90〜92年に理事、93〜2001年に常任理事、02〜05年には副代表理事を務めた。

アイ・ティ・エス株式会社（札幌支部）

〒060-0005 札幌市中央区北5西12-2　ベルックス北5ビルB館
TEL（011）261-1451

業務内容　OA機器販売、コンピュータシステム開発・販売、システムコンサルティング、サプライ用品販売

設　　立　1987年設立

資 本 金　7,000万円

従業員数　72名

社員と共に歩む姿勢

3点確保で多角化を実現

アイ・ティ・エス株式会社　柏崎 俊雄

柏崎さんの好きな言葉は『邂逅(かいこう)』です。何故かというと、小説家の亀井勝一郎が著書「愛の無情について」の中で言っている「人は邂逅によって人間が大きくなる。邂逅とは出会いであり、人生に影響を与える人と何人出会い、感化されるかによって人生は決まってくるので、数多くの人と邂逅しなければいけない」という言葉に共感を覚えたからです。「私もたくさんの人との出会いによって影響を受けてきました。今振り返ると、自分は本当に恵まれていたんだなと思います」と人とのつながりに感謝します。

栃木県小山市生まれの柏崎さんが北海道に来たのは1962年。小樽商科大学に入学するためでした。ちょうど入学した年に、コンピューターに関する学科・管理学科が開設。まだまだ普及していなかったコンピューターの原理原則を学び、将来、IT

関連産業に進む下地がここで作られます。「こうした学科が社会科学であったのは、当時は小樽商科大学と東京大学だけ。私もこれからの分野だと希望を胸に入学しましたが、とても貴重な経験でした」

卒業後は洞爺湖町のホテルでの勤務を経て、68年にホテルの用度などを担当していた北星食品販売に入ります。入社して間もなく、この会社では経営多角化の一環として、データエントリーを主要業務とするコンピューター関連の部署を設置。柏崎さんも大学での経験を買われ、担当者に選ばれます。これまで北海道に無かった業態であったことから順調に業績を伸ばし、社員数も150人程度まで増加。73年には、この部署をベースに北星情報処理開発という別会社を立ち上げました。

その後も会社は成長を続けますが、資金繰りが苦しかったこともあり、86年に大手企業に買収され、子会社化されてしまいます。役員を務めていた柏崎さんは親会社の意向もあり、87年4月に退社することになってしまいました。「どうしようかと思っていると、前の会社の社員26人が『自分たちも辞めます』と言ってくれたんです」。約4カ月後、この仲間と一緒に設立したのがアイ・ティ・エスです。

なぜ4カ月後だったのか。それは「どんな会社にするか」を徹底的に話し合い、起業精神、社訓、経営理念などの経営指針を皆で作り上げたからです。また、全員に最低5万円の株を持ってもらうことで経営参画を図りました。社員と共に歩むという姿勢はここで形成され、今に至るまで貫かれています。

社員が一丸となった会社づくりには、同友会での学びも大きく影響しています。柏崎さんは、前の会社に所属していた時に同友会大学の存在を知り、第2期同友会大学へと入学。さまざまなことを勉強しますが、ただ聞くだけではなく、自らが部長を務める電販事業部で、部の方針や経営計画を作るなど、良いと思ったことはすぐに実践していたため、会社設立時の経営指針づくりもスムーズに進みました。

会社経営には波があり、1つの事業に頼りすぎると、それが倒れた時に危機に陥ります。柏崎さんは、設立当初から多角化の必要性を感じ、学生時代に所属していた山岳部でのロッククライミングになぞらえ、3点確保経営を考案。これはソフトウェア開発、システムも含めたハードなどを売るディーラー事業、コンサルタント事業という3つの柱を社内に構築するものです。

設立当初は、ソフトウェア開発の仕事が数多くありましたが、バブル崩壊によって激減。その時に助けとなったのがディーラー事業であり、特に医療機関におけるシステム構築は、他の企業にはない強みとなっていきます。「医療分野でも大きなユーザーの仕事が無くなるといった苦境もありましたが、常に3年、5年先を見据えて手を打ってきました。だから転換期に大きく売り上げが下がらずにきたんでしょうね」

アイ・ティ・エス株式会社　柏崎 俊雄

同友会には同友会大学への入学がきっかけで81年に入会。90～92年に理事、93～2001年に常任理事、02～05年には副代表理事を務めました。特に力を入れたのは経営指針づくりです。各支部での活動をさらに推進するため、全道の専門委員会とすることを提案し、05年に経営指針づくり推進委員会を設置。初代委員長に就任し、普及促進に努めました。「社長がただ経営指針を作るのではなく、社員と共に共有していく形で作り上げないと企業は伸びていきません。経営指針づくりに取り組み、活性化させることは経営にプラスになるんだ、という意識を皆さんにも持ってほしいです」

（2013年6月号掲載）

オー・エヌ工業　社長

大嶺　隆司

おおみね・たかし　1937(昭和12)年1月6日生まれ、北見市出身。79年の第一ブロック建設入社から防水の販売、施工を手掛ける。2001年に独立し、オー・エヌ工業を設立。同友会には1990年に入会し、オホーツク支部政策委員長として北見市中小企業振興条例の制定に尽力した。

オー・エヌ工業（オホーツク支部）

〒090-0813 北見市中ノ島3-13-12
TEL(0157)25-3872

業務内容　土木・建築の防水工事、塗装工事、建築物の雨漏りについての調査・診断、防水関連機材販売
設　　立　2001年設立
資 本 金　200万円
従業員数　1名

顧客の要望を製品化

40代から防水工事の道に

「利益はお客様が与えてくれる評価。常に顧客の立場に立って考えることが大事だと思っています」。需要の高まりを受け、40代に入ってから防水工事の道を歩み始めた大嶺さん。ある顧客の相談から、屋根の水たまりを風力を利用して排水する製品を、独自のアイデアと試行錯誤の結果生み出しました。こうして誕生したルーフドレイン掃除機「スイーパー」は、国内唯一のオンリーワン製品として輝きを見せています。

オー・エヌ工業　大嶺 隆司

1937(昭和12)年に北見で生まれた大嶺さん。55年に酪農学園野幌機農高校を卒業後、色々な職に携わりましたが、79年の第一ブロック建設(現第一工業・北見)への入社が、防水のプロとしての立場を築きます。

はじめは建築ブロックの工場に勤務していましたが、人と会う業務に就きたい、と営業職も兼ねた所長として81年に釧路営業所へと異動しました。当時、建築ブロックの需要が減少するのに代わってビル建築が増加。これに伴い、屋上防水の需要も高くなっていきます。この時初めて防水工事の営業を手掛けました。

当時はまだアスファルト防水が一般的でしたが、耐用年数の長い機械吹き付けによるウレタン防水に着目し、全国的にもいち早く営業を開始します。釧路管内でも官公庁の箱物建築が活況で、「ウレタン防水の特性を熱心に営業したかいがあって、2年目には早くも売り上げ目標を達成しました。すごい需要でした」と懐かしそうに振り返ります。

その後、順調に右肩上がりで売り上げを伸ばしましたが、85年に転機が訪れます。

「ウレタン防水の特性は理解しているが、水たまりによって4～5年しかもたない。あんたなら何とかしてくれるだろう、と当時の別海町の建築係長から相談を受けました」。よし、何とかしてやろう――ここで大嶺さんの心に火がつきます。しかし、強い意欲の一方、そう簡単にはいかず、仕事をこなしながらの模索が8年半続きます。「さまざまな排水を考えましたが、どれも駄目。最後は風の力を利用しようと思い、模型を実際に作り試行錯誤しましたが上手くいきません。1年くらい頭から離しました」

しかし、読書好きで、研究熱心なその性格から突然アイデアが浮かびます。金物屋に並べられた大小いくつものひしゃくを見た時のことでした。「これを風受けにして下に鉄板を張り、風見鶏のように回したらどうだろう」。こうして完成した試作品が現在の「スイーパー」の原型です。90年のことでした。以降、改良を重ね96年に製品としての販売を開始しますが、ここからも苦労は続きます。「夜に金属の音がうるさいと苦情がきたり、積雪で製品そのものがつぶれたことも。完成品はまだまだ後のことです」

紆余曲折を経て、２０００年12月には特許を申請。年明けの１月に「スイーパー」として無事特許を取得し、４月に独立してオー・エヌ工業を設立しました。「防水は科学。雨漏りするには常に原因があります。建築、板金など色々な分野から雨漏りの要因を探し出し、総合的に判断して対策を検討します」と話す姿にプロとしての自信を感じさせます。

製品の製造は外注し、販売営業から経理に至るまで１人でこなす形態は今も続けられています。「自分自身への理念・信条として課していることは、顧客のニーズ、利益に沿ったものを提供すること。スイーパーの成り立ちもそこが原点です」

現在、道内官公庁を中心に年間２００台以上の販売を展開。「雨漏り対策の潜在需要はまだまだあります」と、今後も道内外に〝オンリーワン〟をアピールしていく意欲を語りました。

同友会へは、第一ブロック建設釧路営業所長時代の1990年に入会。設計事務所の知人に誘われ、会の理念、趣旨に賛同し入りました。数多くの経営者の中で単なる営業所長が―と引け目を感じ、1年くらい会合に足が向きませんでしたが、ひとつの例会が自身の考えを一変させます。「ある経営者による労使関係、仕事の実情といった赤裸々な発表を聞いて考えを改めさせられ、それ以来同友会にはまりました」

独立後はオホーツク支部会員として籍を置き、現在は政策委員長として活動。2013年4月制定の北見市中小企業振興条例の制定活動の中心として奔走しました。「今後は条例をどう活用していくか考えていかなければなりません。また、オホーツク管内全域での制定も課題であるため、具体化に向けて取り組みを進めていきたいです」

（2013年7月号掲載）

オー・エヌ工業　大嶺 隆司

瀬川　淳子

有限会社ビューティサロン北の研美　代表取締役

せがわ・あつこ　1938（昭和13）年1月28日生まれ。江差町出身。56年に北の研美美容院（現ビューティーサロン北の研美）に入社し、79年に代表取締役に就任した。同友会には84年に入会。札幌支部理美容部会では、97年の設立時から中心メンバーとして活躍。現在は同部会副会長を務めている。

有限会社ビューティサロン北の研美　（札幌支部）

〒001-0016 札幌市北区北16西3-2-30
TEL（011）716-1831

業務内容	美容業、化粧品販売、着付、着物レンタル、本店、北23条店の2店
設　　立	1952年設立
資 本 金	900万円
従業員数	14名

人づくりが存続の鍵　女性が一生働ける環境を

有限会社ビューティサロン北の研美　瀬川 淳子

「美容師は製造業のように商品を作って売る仕事ではありません。お客様一人一人に直接対応するため、技術だけではなく、謙虚さといった人間性も求められる〝人〟そのものが商品の職種と言えます。だからこそ『人づくり』が大切であり、私は従業員の技術と心を育てることが企業を存続させる鍵になると考えています」

ビューティーサロン北の研美は、母・高井きよのさんが1952年に創業。夫が40代の若さで病死し、残された5人の子どもを養っていくためでした。何故美容院だったのか。それは若い頃に、遠縁が経営していた日本髪を教える美髪学校を手伝った経験があったからです。きよのさん自身は美容師の免許を持っていなかったので、人を雇って開業しました。

美容の道に進むきっかけは、身内に美容師がいなければ店を長く続けられないと考えた母親からの「美容学校に行きなさい」という言葉でした。当時、中学3年生だった瀬川さんは美容師になる気持ちはなく、高校に進み、教師になりたいと考えていました。「母が出した進学の条件は公立高校に合格すること。必死で勉強しました」。努力の甲斐もあり札幌北高校へ入学しますが、結局、3年生の時には高校に行きながら夜学の美容学校に通うことになります。

56年の高校卒業と同時に入社し、免許を取得。美容師としての一歩を踏み出します。「最初はお客様と話すのが本当に苦手でした。ですが、段々と慣れてくると、コミュニケーションを取るのが楽しくなり、今ではすっかりおしゃべりになってしまいました」

技術習得にも積極的に取り組みました。何回も東京に出向き、美容学校の高等研究科で3カ月程度の短期講習を受けるなど、懸命に知識と技術を吸収。「その頃、上京は列車と連絡船を乗り継いで22時間という大変な行程でしたが、見るもの全てが新鮮で、最新の技術のほか、日本髪や着付けといった特殊な分野を学んだり、流行に触れたり…楽しかったですね」

技術者として努力を続ける傍ら、入社後すぐに、始まったばかりの青色申告の経理の仕方を学ぶなど、会社経営にも携わっていきます。代表取締役就任は79年。「すでに実務は私に任せられていたので、戸惑いなどはありませんでした」と、自然な形で事業を受け継ぎます。85年には借地だった本店の土地を買い取り、地方出身者のための独身寮付き店舗を建設しました。

経営者となって気付かされたのが「人づくり」の重要性です。年に5回程度、講師を呼んで勉強会を開くなど、人材育成には力を入れていますが、技術だけに重きを置いているわけではありません。「美容師は人間が人間に施す仕事です。接客態度など全ての面で成長が求められるため、日常から厳しく指導しています。若いうちは理解できないかもしれませんが、きっと分かってくれるはずです」

仏教研究会や句会に籍を置き、内面の大切さを身をもって知る瀬川さん。周囲への感謝を忘れない姿勢は社内にも浸透しており、2カ月に1回、老人福祉施設で行っている無料カット奉仕活動は、従業員の積極的な取り組みによって30年以上続いています。「現在は勤続20年を超える従業員が数人在籍し、店を支えてくれています。結婚して辞めた後に戻ってきた従業員も4～5人いるんですよ」

2012年には創業60年を迎え、瀬川さんは「お客様に何か恩返しがしたい」との思いを抱きます。日頃から懇意にしている同業者もちょうど50周年だったことから、共催で健康をテーマとする講演会を実施。招待した顧客からは「とても良かった」という声が寄せられるなど、好評だったそうです。「店を続けることができたのは、お客様のおかげ。少しでも喜んでもらえたならば本望です」

同友会には1984年に入会し、札幌支部理美容部会を中心に活動してきました。「部会の例会では、講師となった同友会員から色々な話を聞かせていただきました。他業種の経営者との交流は特に刺激を受け、視野が広がりました」

現在のテーマは「女性が一生働ける環境づくり」です。女性の比率が高い美容業界ですが、結婚後は子育てもあり、家庭と仕事の両立が難しいのが現状。「結婚した後も変わらず働き続けるには、独身時代をいかに過ごすかが重要となります。『技術をしっかりと身に付け、社会というものを正確に把握することが、その後の人生に大きな影響を及ぼす』。そうした意識を従業員に根付かせるために努力を続けるだけではなく、会社としても結婚後の支援制度づくりに力を入れていくつもりです」

（2013年8月号掲載）

株式会社藤井調理部　代表取締役

藤井　幸吉

ふじい・こうきち　1938(昭和13)年5月25日生まれ、旭川市出身。中学卒業後、調理の腕を磨き、旭川市内の平間調理部に入社し料理人に。同友会への入会は79年。長期にわたり旭川支部の幹事を務めた。89年9月に仕出し業として独立し、藤井調理部(本社・旭川)を設立した。

株式会社藤井調理部　(道北あさひかわ支部)

〒078-8251　旭川市東旭川北1-1-3-35
TEL(0166)39-7400
業務内容　和食膳、洋食中華各種仕出し、結婚式・各種宴会、各種弁当仕出し
設　　立　1989年設立
資 本 金　1,000万円
従業員数　18名

五感で味わえる料理を

踏み出す勇気が成功導く

地元上川や北海道を中心とした国産食材を使い、職人の真心込めた本格的な料理が楽しめるとあって、お客様から親しまれている藤井調理部。その料理には「安心な食材で、家庭に近い手づくりの料理を五感で味わってほしい」と、料理人から独立し、仕出し屋を立ち上げた藤井さんの思いが込められています。

画期的なアイデアを実現し、多くのヒットを生み出した料理人時代、そして創業。藤井さんの挑戦を支えたのは、一歩踏み出す勇気と途中であきらめないという信念でした。

株式会社藤井調理部　藤井 幸吉

藤井さんは中学卒業後に料理人の見習いとしてさまざまな飲食店で洋食を学び、調理の腕を磨きました。20代のころ、洋食の代名詞とも言えるフランス料理の調理人を目指してフランス語を学び、渡仏を夢見ました。しかし、50年前当時は海外留学のハードルが高く、同時期に結婚したこともあり「なんとか生活を支えねば」と、旭川市にあったレストラン兼仕出し業の平間調理部に就職します。

渡仏への思いを絶っての入社でしたが、アイデア料理長としての活躍が始まります。洋食が浸透していたとは言えない時代、自信を持って提供する洋食を残すお客様を見て「なぜ食べてもらえないのか」と、毎日のように考えたそうです。答えは若いころ東京の帝国ホテルで食事した自身の経験にありました。注文も食べ方も分からず、緊張してたどり着いた1皿は「確かにおいしかったのですが、味わった気はしませんでした」

そこで「日本人になじむよう箸で食べられるようにできれば」と、洋食に箸を添え、肉はあらかじめ切って提供するなどの工夫をしました。

「箸で食べる洋食」は、当時の格式やマナーにとらわれない挑戦で、とても勇気が必要だったといいます。「あいつは料理人じゃない」。料理人仲間には反発の声もありました。しかし、このアイデアは大成功で、新聞記事にもなるなど、店の評判を高めました。

「料理は五感で味わうもの。くつろいだ雰囲気で味、盛りつけ、香りなど料理を味わい楽しむのが一番」との思いが伝わった瞬間でした。この経験は、今に続く料理提供の原点となっています。

昭和40年代後半には、高価で珍しかったコンピューターを使った顧客のデータ管理を導入するなど、他にない新たな挑戦を実現し、店を盛り立てました。

こうした経験と成功から「新しいことを成し遂げるには勇気がいる。勇気がなければ何も生まれない」と確固たる信念を培っていきます。「ただ結果を待つのでなく、一歩踏み出し、挑んで良い方向に導く。途中でやめれば失敗でも、失敗をつぶし続ければ失敗ではない。踏み出す勇気と続けることが大切だと思います」

同友会への入会は1979年9月。人のつながりを大切にする藤井さんは黎明（れいめい）期の旭川支部で会員拡大に大きな功績を残しました。しかし1989年、50歳を迎えた藤井さんは職を辞すことになり、人生の大きな転機を迎えます。家族を抱え、家を建てたばかりの藤井さんは自らの信念の下、勇気を持って独立・創業という挑戦に踏み切ります。

この時、創業を応援し、支え助けてくれたのが同友会の仲間たちでした。藤井さんはベテラン料理人であっても、企業の経営者としては駆け出し。「料理人は料理やお客さまのために良いと思うことは採算を考えずにやってしまいがち。会社の経営を学んだのは同友会とその仲間たちとのつながりからでした」と振り返ります。

「他でできない相談も仲間には正直に言えた。発表するにも知識が無いから勉強する。それが前進の原動力になり、多くの人に会うことでさらに知識が広がった」。同友会の仲間と育んだ経営のノウハウが今に生きていると言います。

社会構造の変化を背景に家庭で食卓を囲むことが減り食文化は大きく変化し、仕出し業界も景気低迷による会食機会の減少などで厳しい時代を迎えています。

藤井さんは「海外産食材の利用などでコスト削減は可能です。しかし上川の豊富な食、そして道北の流通拠点である旭川の立地と卸売市場で取り引きできる食材調達の強みを生かした新鮮な魚介類など、これからも安心して食べられ、お客様になじんだ地域や国産食材を使った手作りの料理提供にこだわっていきたい」と話します。食材を提供する国内1次産業を守り、手づくりの変わらぬ味で食文化と家庭の団らんを守り続ける。藤井さんは、今も挑戦を続けています。

（2013年9月号掲載）

株式会社藤井調理部　藤井 幸吉

株式会社函館酪農公社　相談役

金子　隆

かねこ・たかし　1937(昭和12)年10月27日生まれ、銭亀沢村(現・函館市)出身。函館市立湯川中を卒業後、野幌での1年間の実習を経て家業の酪農を継ぐ。73年に函館酪農公社を設立し、初代社長に就任。2013年4月から現職。同友会は79年入会で、04年から3年間、函館支部長を務めた。

株式会社函館酪農公社　(函館支部)

〒042-0912　函館市中野町118
TEL(0138)58-4460
業務内容　牛乳乳製品製造業
設　　立　1973年設立
資 本 金　6,700万円
従業員数　84名

農業の6次化を実現

乳質追い求め挑戦続ける

株式会社函館酪農公社　金子 隆

全道の一元集荷、多元販売という時代の波に抗して生産から販売までの一貫体制、いわゆる6次化を構築することで、道南酪農の未来を切り開いた函館酪農公社。初代社長の金子さんは「自分たちで搾った牛乳を自分たちで消費者に届ける」ことに情熱を注ぎ、そのおいしさを追求してきました。夢を持ち、酪農を心から愛したからこその挑戦が実を結び、函館牛乳は40年にわたり地域で愛され続けています。一線を退いた今でも、酪農家と消費者との信頼関係を次世代に引き継ぐことが使命と考えています。

銭亀沢村(現・函館市)赤坂の高台で酪農を営む一家に生まれた金子さん。父に憧れ、小さい頃から家の手伝いをするようになり、ごく自然に「将来は農業を」と考えるように。野幌高等酪農学校での実習を経て、23、24歳ごろには経営の全てを引き継ぎました。「他作物との輪作や耕作計画など、堅実な経営を始めたのは、この頃からです」

転機となったのは1966年の不足払い法の施行。大規模経営で生産コストを抑えられる道東などに目が向けられ、「消費地が目の前にある函館地域は乳価が下がった上、小規模経営が多いため取り残されてしまう」という危機感が募りました。酪農を守り、どうすれば産地間競争に生き残れるか。必死で知恵を絞り、一つのアイデアが浮かびました。

「牛乳を自らの手で加工し、販売する。コストを抑えられれば、酪農家に払う乳価を上げる一方、安くておいしい牛乳を消費者に届けられる」。この構想が具体的に動きだしたのは72年からで、翌年12月に地元農家4戸が集まり、乳業メーカー・函館酪農公社を設立しました。「素人集団によるアウトサイダーのため、特に販路の確立には苦労しました」と振り返ります。

発売1カ月前には、販売を約束していた函館の小売店から、次々とキャンセルの連絡が。冷蔵ケースが既存メーカー提供のため、新商品を置くことはできない――との理由です。今では、函館牛乳の代名詞となった移動販売は「悩んだ末のひらめき」でした。74年8月に移動販売車が市内を駆け巡り、1リットルパックの牛乳約700本は1時間ほどで完売したそうです。

順調に業績を伸ばし、集乳範囲は函館から八雲、七飯方面にも拡大。北海道の南端にある立地を生かすため、販売エリアを道南から本州へと広げる戦略を定め、青森などにも拠点を置きました。現在は、契約農家37戸から年間約1万5000トンの生乳を集荷し、主に渡島・桧山管内と北東北で、さまざまな乳製品を提供しています。

創業当時からの合言葉は「日本一おいしい牛乳を目指そう」です。これはさまざまな要素が絡み合って実現することですが、おいしさの90％以上は牧場で形成されるもの。80年代から契約農家と2人3脚で、酸性土壌に覆われる牧草地帯に炭酸カルシウムをまいて酸度を矯正しているほか、牛舎の清潔さや牛乳の管理などを年3回審査するファームクリーンコンテストを続けて、乳質の向上を図っています。

また、「酪農家は消費者が喜ぶ顔を思いながら牛を飼い、乳を搾る。飲む人も分かれば安心感が生まれ、互いに信頼感が強まる」と考えて毎年、牧場体験交流会を開いています。消費者との交流が、質の高い牛乳を生産する意欲に結び付いています。97年、工場の敷地内に開設した直売所「あいす118」も消費者の反応がダイレクトに伝わる大きな存在。工場の製造ラインの見学もでき、観光名所となっています。

大切にしている言葉に「牛乳は神様が人類に与えられた最も崇高な食べ物」があります。「酪農を継ぐ決心をしてから半世紀。牛乳という大切な食品を扱える仕事に巡り会えたことを誇りに感じ、感謝しています」と笑顔で語り、これからも牛乳を通して地域に貢献する決意です。

同友会への入会は79年。社内に問題を抱え、会社経営の難しさを感じている時期でした。そんな時、ヒントとなったのが同友会での学びです。経営が安定しなければ社会的責務も果たせないと、理念に基づいた経営計画に加え、社員一人ひとりが会社を理解して意見を述べ、業務を改善する経営参画の意識付けを徹底しました。「さまざまな業種の経営者の皆さんとの交流に刺激を受けました。経営計画の作り方や、社員の経営参画など、同友会で学んだことが役立っています」と話し、今でも社員に「何か目標を持って、勉強会に臨め」と伝えています。

（2013年11月号掲載）

株式会社北清　代表取締役会長

川井　雄一

かわい・ゆういち　1938(昭和13)年7月15日生まれ、樺太出身。日本陸運産業勤務や惣菜業経営などを経て、69年に新琴似清掃事業社を設立。71年には北清企業へと名称を変更した。現在は北清グループ全体を管理する北清の代表取締役会長などを務めている。同友会には83年に入会した。

株式会社北清　（札幌支部）

〒007-0885　札幌市東区北丘珠5-4-732-51
TEL(011)788-1055
業務内容　グループ会社管理、環境関連商品の販売、エコアクション21コンサル、環境関連新事業の開発
設　　立　2001年設立
資 本 金　3,000万円
従業員数　27名

廃棄物処理で事業興す

顧客の喜びが一番の使命

株式会社北清　川井 雄一

廃棄物処理業の北清企業を始めとする北清グループでは「『ずる』をするな、させるな、見逃すな」を経営理念に掲げています。これは「企業の一番の使命は、世のため人のために業務に取り組み、お客様に喜んでもらうこと。お客様あっての企業であることを忘れてはならず、実現するには絶対に『ずる』をしてはいけない」という川井さんのモットーを表したもので、社員一人一人にも徹底させ、顧客の信頼につなげてきました。

誠実に向き合う姿勢は国にも評価され、2007年には環境大臣表彰(産業廃棄物関係事業功労者)を受賞。「それまで廃棄物処理業者がこうした表彰を受けたことはありませんでした。自分がやってきたことは間違いではなかった、国が認めてくれる事業になったんだな、と大きな喜びを感じたのを覚えています」

1938年に樺太で生まれた川井さんは、終戦と同時に日本に引き上げてきました。父・国雄さんの故郷である秋田で幼少期を過ごした後、中学生のころに北海道・芦別へと移住。高校卒業後は、炭鉱などの保養施設で板前を務めていた父親の仕事を継ごうと、芦別労働会館で料理人の修行をしますが、「自分には合っていない」という思いを抱きます。父方、母方双方の祖父が実業家だった影響もあり、自身も「いつかは自分で事業を興したい」と思っていた川井さん。夢をかなえるには、もっと勉強しなければいけないと考え、61年に上京します。石油製品の物流・販売を手掛ける日本陸運産業など数社に就職し、実務経験を積むだけではなく、夜間大学(法政大学法学部)や簿記学校にも通って経理などについて学び、貪欲に知識を吸収しました。

父親の勧めもあり、68年には北海道に戻って札幌で惣菜業を始めますが、利益は少なく、「これでは続けていけない」と考えます。転機となったのは閉店後の日課だったごみ捨てでした。ごみ捨て場は、落ちている釘で車がパンクするような大変な状況で、そんな中で商売を続ける人が周囲には大勢いました。瞬間的に「この状態に困っているのは自分だけではないはず。解消すれば事業になるかもしれない」とひらめきます。すぐに行動に移した川井さんは車を1台購入し、一人でごみを集めて回ることから開始。当時、ごみの収集・運搬は自家処理が主体で、民間の廃棄物処理業者はほとんどいなかったため、次々と依頼が舞い込み、69年には新琴似清掃事業社を創業します。「数年は正月位しか休みはありませんでしたが、楽しかったですね。困っている人を助けるのは喜びでもありました」

「北海道全部を綺麗にしたい」との思いから、71年に社名を北清企業に変更。当初はスーパーなどが顧客の中心でしたが、百貨店やホテルにも積極的に営業活動することで、さらに事業を拡大していきます。その後も行政だけが使用していたパッカー車（機械式ごみ収集車）の導入、古紙収集業務への進出、リサイクル事業推進など、ニーズに応じて次々と手を打ち、多くの関連企業を抱える企業グループに成長させました。「多くの事業の中でも建設廃材への対応が大きなポイントでした。建設廃材は一般廃棄物とは違い、産業廃棄物であり、適切な場所で処分する必要があります。いち早く処分場を確保したことが飛躍のきっかけだったのかもしれません」と自社の歩みを振り返ります。

北海道以外でも宮崎県小林市に九州北清を立ち上げていますが、これは趣味を通じてできた地元経済界とのつながりがきっかけでした。「不法投棄を解決するため、九州に処分場を作ってくれないか」と要請され、進出を検討しますが、地元企業などの反対にあいます。しかし、川井さんには「自分の仕事は絶対に地域の役に立つ」という思いがありました。そのため、理解を得ようと辛抱強く取り組み、94年に会社を設立します。「逆風もありましたが、狂牛病問題が起きた時には肉骨粉処理を請け負うなど、地域に貢献できました。強い信念があったので、諦めるという選択肢はなかったですね」

同友会には83年に入会。札幌支部東地区会経営懇談会や幹部社員研修会で講師を務め、自身の豊富な経験を伝えるなど、社員共育を中心に取り組んできました。現在、同友会活動については第一線を退き、後進に道を譲っていますが、同友会への関心は失っていません。「同友会は、活動内容などを組織内外に発信し、既存の会員だけではなく、これから企業家を目指す人たちの助けとなる道しるべのような存在になってほしい」と期待を込めてエールを送っています。

（2014年2月号掲載）

株式会社北清　川井 雄一

医療法人社団熊澤歯科　会長

熊澤　隆樹

くまざわ・たかき　1940(昭和15)年1月6日生まれ、小樽市出身。東京医科歯科大学を卒業後、父親が営む歯科医院で修行を積み、80年に小樽市稲穂で独立開業。積極的に研修医を受け入れるだけではなく、周辺の歯科医を対象に研修会を開くなど、小樽地域の医療発展に尽力してきた。同友会には85年に入会した。

医療法人社団熊澤歯科　（しりべし・小樽支部）

〒047-0032　小樽市稲穂2-11-13　協和稲穂ビル7F
TEL(0134)65-8556
業務内容　歯科一般、小児歯科、矯正歯科、口腔外科
設　　立　1939年設立
資 本 金　3,000万円
従業員数　55名

本音を汲み取る力養う　小樽から最新の医療提供

医療法人社団熊澤歯科　熊澤 隆樹

「小樽で最新の医療を適切な料金で提供したい」。熊澤さんが今日まで歯科医を続けているのは、この思いが根底にあるからです。

理想を実現するため、所属する医師や歯科衛生士などを国内外で研修させ、レベルアップを図るとともに、積極的な設備導入も進めてきましたが、熊澤さんは「技術だけではできない」と言い切ります。「患者さんが自分の要望や疑問といった『本当の声』を医師に伝えるのは実に難しいことです。だからこそ歯科医には本音を汲み取る力が求められ、私もそうありたいと努力してきました」

熊澤さんが歯科医を志したのは高校生の時でした。同じく歯科医だった父・隆一さんから「お前はサラリーマンには向いていない。教師か歯科医になったらどうだ」と言われ、昔から父親の背中を見て育ったこともあり、迷い無く「歯科医になろう」と決断。小樽桜陽高校を卒業した後、東京医科歯科大学と同大学院で学問に励み、１９６６年に故郷である小樽に戻ってきました。

父親が営む歯科医院で仕事を手伝う傍ら、北海道大学の非常勤講師としても勤務。東京や海外への研修に赴き、技術を磨くだけではなく、歯科技工士の仕事も経験するなど、徐々に医師として、人間としての幅を広げていきます。

こうして父親の元で修行を続けた熊澤さんは「今まで学んだ自分の技術を試したい」との思いを強くし、80年に小樽市稲穂に独立開業します。その時に掲げたのが「小樽にいながら東京で受けられるような最新の医療を提供する」ということでした。

通常、歯科医院は特化した技術だけを専門に扱うことが多いのですが、熊澤歯科では小児、矯正、審美歯科など各分野の専門家を揃え、2〜3歳児から年輩の方までという幅広い年代に対応できる体制を構築しています。その結果、多くの医師や歯科衛生士、歯科技工士を抱える歯科医院に成長しましたが、規模を拡大してきたのは患者の要望に応えるためでした。土曜日の診療も20数年前から取り組み、入れ歯が苦手という人のためにはインプラントを導入。歯科技工室の拡充も進めました。「最高の医療を提供するためには絶えず学び続ける必要があります。厳しい環境ですが、うちのスタッフは真面目に勉強してくれていますから、数年後には必ず成果が表れていきます」と従業員の成長に目を細めます。

その後も経験を積み重ね、技術向上を図ってきた熊澤さんですが、最も重視しているのは「患者とのコミュニケーション」だそうです。それは、いくら自分が良いと思った治療でも、患者にとっては最良ではないケースがあるからです。「歯科医が100％完璧なものを提供するのは難しく、患者さんの声に耳を傾け、何かあったらすぐに対応できる信頼関係を築くことが大切です。やはり患者さんが一番の情報源であり、学ぶことは多いですよ」

後進の育成にも熱心で、小樽歯科衛生士専門学校では学校長や講師を務めるなど、地域の人材づくりに尽力。２０００年からは毎年、東京医科歯科大学や北海道大学などから研修医を受け入れ、これまでに20人以上が巣立っていきました。現在は、新たな試みとして社内外の人材育成を図る研修室の設置を計画しています。「当院の歯科医や研修医のほか、地元の同業者にも参加してもらい、技術を広めるのが目的です。ただ単に治療を施すのではなく、常に先に進む組織にしたいですね」

13年7月には長男・龍一郎さんへ理事長職を譲りましたが、今も週3日は歯科医として勤務する熊澤さん。その目は将来を見据えています。

同友会には前しりべし・小樽支部長の井上一郎さん（光合金製作所会長）の紹介で85年に入会。きっかけは、井上さんの会社を訪れ、玄関を見たことでした。事務所へと続く古い木の階段がいつもきちんと手入れがされ、きれいに掃除されているのに気付き、瞬間的に「経営者の姿勢が従業員まで浸透しているからこそできることだ。この人は信用できる」と思い、入会を決めたそうです。

同友会に関しては「社員と共に育つ」という理念に共感を覚えました。「私は知識、技術を吸収しようと学び続け、自らを高めると同時に、従業員の成長を促すために研修の場などを提供し、自発的に学ぶ環境づくりに努めてきました。例会などの同友会活動に参加する機会は少なかったのですが、自社において同友会の考え方を実践してきたと言えるのではないでしょうか」

（2014年3月号掲載）

医療法人社団熊澤歯科　熊澤 隆樹

株式会社エルム楽器　代表取締役会長

寺田　良紀

てらだ・よしのり　1939(昭和14)年10月18日生まれ、札幌市出身。北海道大学を卒業後、63年に日本楽器製造(現ヤマハ)へ入社。退社後の74年に室蘭で室蘭楽器を創業し、現在に至る。同友会には81年に入会。西胆振支部では支部長を務め、本社移転後は札幌支部で活躍している。

株式会社エルム楽器　(札幌支部)

〒006-0003 札幌市手稲区西宮の沢3-2-1-8
TEL(011)350-1111

業務内容　楽器・楽書・管弦打楽器販売、音楽教室、コンサート企画
設　　立　1974年設立
資 本 金　9,000万円
従業員数　60名

音楽で心豊かな人間に

子供達の可能性を広げる

株式会社エルム楽器　寺田 良紀

「音楽には大きな力があります。当社は道内各地で楽器販売や音楽教室に取り組んでいますが、子供達は音楽の勉強を通して努力する力、忍耐力、創造力、目標へ向かう力など多くの能力を身に付けていきます。その材料が音楽であり、感性豊かで心豊かな人間へと成長させてくれるだけではなく、知的分野でも大変な力を発揮し、頭の回転にも素晴らしい影響を与えます。また、大人にとっても音楽を楽しむことは、ストレス解消や健康意欲増進のほか、いつまでも若くいられるなど、素晴らしい効果があります。こうして成長し、音楽を楽しむ姿を見るのが私の一番の喜びですね」

エルム楽器は楽器・楽譜販売、音楽・英語教室、調律修理などを展開する企業ですが、自身は特に音楽が好きだった訳ではなく、接点が生まれたのは1963年に日本楽器製造（現ヤマハ）へ入社してからでした。高校時代からオートバイが好きで乗り回していた寺田さん。ヤマハ発動機に興味を持ち、求人情報でヤマハが親会社であることを知り、軽い気持ちで就職し、音楽との関わりが始まります。当初は「将来は起業したい」と強く意識していたため、長く勤める気がありませんしたが、結局11年半勤めることになります。「業容拡大のきっかけである積み立て制度の先兵として拠点作りや特約店担当などを経験し、鍵盤販売、音楽普及に力を入れて頑張ったのを覚えています」

74年に退職し、札幌に戻って何をしようかと考えていた時、ヤマハ関係者から「室蘭の楽器店を引き受けてくれ」という話があり、同年、室蘭楽器を創業します。「11年半関わってきた業界だったので、『よしやろう』とためらうことなく決断しました。今思うと幸運だったと思います」。こうして前の会社から引き継いだ社員10人弱で事業をスタートさせますが、社員にはやる気がなく、いい加減な態度で仕事に取り組むなど、対応に困ったそうです。「当たり前のことを当たり前にやるという意識に変えることで苦労しました」

創業時から高いウェイトを占めてきたのが音楽教室業務です。生徒募集や会場開設に奔走し、積極的に投資・事業拡大を図ってきました。「音楽の勉強は人間として必要な素晴らしい能力を作り、人間形成に大変な役割を果たします。指導する先生は、個性あふれる、大きな可能性を持った子どもたちを預かることから、大変な責任があります。一人一人を温かく見守りながら、子供達の素晴らしい人間成長へ大きな力を発揮しましょうと、常に意識を共有しながら進んできました。感性が豊かで、心豊かな子供達を世の中に送り出すことは大変な社会貢献だと考えています」

札幌に本社を移転したのは98年、同業他社を吸収合併したのがきっかけでした。現在は札幌以外にも室蘭、釧路に支店、店舗を構えていますが、それぞれにホールを併設しているのが大きな特徴です。そして、音楽指導だけではなく、生徒が演奏し、発表する場、さまざまなジャンルの音楽演奏、普及の場としても活用しています。「イベントを企画したり、地域の音楽家を支援したりと地道な努力を積み重ね、地域の人たちと親密な関係を築いてきたから今日まで会社を続けられたのかもしれません」と会社を支えてくれた地域に感謝します。

現在の課題は「会社自身の教育力」です。社員には同友会大学をはじめ、さまざまな研修に参加させ、成長を促しています。「音楽教室の講師にも企業理念を理解してもらい、社員と講師が連携し、『生徒の素晴らしい成長のために、成長を喜び合えるように』との思いで頑張ってくれています。当社に籍を置く皆が仕事に意義を感じながら、安心して、生き生きと活躍するベースとなる、健全な会社作りを目指していきたいと思います」

株式会社エルム楽器　寺田 良紀

同友会には81年に入会。事務局の訪問を受けて会合に出席し、一生懸命経営に取り組んでいる団体だと感じ、入会を決めました。そして、入ってすぐの頃に参加した全道の研修会で強烈な印象を抱き、同友会活動にのめり込んでいきます。「地区会や例会で話を聞き、終わった後の飲み会でも情報交換し、全道各地の会員と積極的に交流しましたが、同友会には素晴らしい経営者が多く、たくさんのことに気付かされ、教えていただきました。頭の回転が鈍い私がこれまで経営してこれたのも、同友会に参加させていただいた賜物と思っています。当社は今年で40周年を迎えますが、同友会に感謝、感謝ですね」

（2014年4月号掲載）

榊　清市

有限会社メガネのサカキ　代表取締役社長

さかき・せいいち　1940(昭和15)年2月14日生まれ、小樽市出身。登別の時計店で10年間職人として修行を積んだ後、65年に函館で榊時計店を創業。88年にはメガネのサカキへ社名変更した。同友会には79年に入会し、2000年から現在まで函館支部幹事を務めている。

有限会社メガネのサカキ　(函館支部)

〒041-0811　函館市富岡町1-42-5
TEL(0138)45-8988
業務内容　メガネ・時計・宝石一般小売、小型風力発電機及び有機土壌改良剤製造販売
設　　立　1965年設立
資 本 金　2,000万円
従業員数　9名

信頼関係構築が商売に

訪問販売から店舗へ転換

有限会社メガネのサカキ　榊 清市

「私は、お客様に『商売人らしくない』と言われることを喜びとしています。自分の仕事を脇に置いてお客様の仕事を手伝い、『自分の商売をやらなくていいの』と言われた経験もありますが、直接商売に関係ないことを含めてコミュニケーションを図り、信頼関係を築くことが自然と商売につながっていく、それが私の商売の原点だと思っています」

メガネのサカキは、眼鏡や時計、宝石の販売・修理などを手掛ける企業です。榊さんは家庭の事情もあり、中学校卒業と同時に、この業界に飛び込みますが、それは「手に職を付ければ、将来食うに困ることはない」という両親の勧めがあったからでした。弟子入りしたのは登別温泉にあった木村時計店。住み込みで朝から晩まで働きながら、職人の技を見て盗むなど、徐々に技術を身に付けていきます。「時計だけではなく、眼鏡や宝石も扱っていたので、全ての知識・技術を習得できるのが魅力でした。暇さえあれば先輩職人の横で作業を観察して覚え、仕事が終わった後も寝る間を惜しんで勉強しましたね」

10年間腕を磨いた榊さんは、函館で鮮魚などを扱う店を開いた弟・勝利さんの仕事を1年半ほど手伝った後、１９６５年に前身となる榊時計店を創業。ＪＲ五稜郭駅前に店舗を構えました。創業時は資金もなかったため、在庫を抱えることは難しいと考え、時計修理を専門とする訪問販売を事業の軸に据えます。

知人の紹介を通じ、渡島地域の海岸線を中心に1件1件回り、時には黒松内まで行きました。「技術には自信があったので、確実に修理することで信頼を得ていきました。そうすると修理以外にも商品を販売してほしいという要望が上がるようになり、各地域で展示会を開くこともありました」

売り上げは順調に伸びていきますが、榊さんは限界も感じていました。訪問販売に対する規制ができたことに加え、顧客のニーズが多様化し、対応が難しくなってきたからです。そこで店舗型営業への転換を決断。徐々に函館市内のショッピングセンターや路面店への出店を図り、最盛期には7店舗を展開しました。

80年に道内へ初進出したイトーヨーカドー函館店への出店もその一つ。「何としてでも店を出したいと思い、飛行機の欠航が相次ぐ悪天候の中、東京のイトーヨーカ堂本社まで要望を伝えに行ったこともありました。そうした私の熱意が通じたのではないでしょうか」と感慨深げに振り返ります。

経営理念には「技術と専門知識及び商品を通じ、社会に貢献し、社員の幸せと会社の繁栄を基本とする」を掲げています。「従業員が増え始めたころ、会社としての意思統一が必要だと感じ、技術職だった私のこれまでの思いを込めて作りました」。今でも折に触れて経営理念の意味を説明する機会を設け、社員への浸透を図る榊さんの思いは後進へと確実に受け継がれています。

近年は環境関連事業にも力を入れています。偶然目にした環境ホルモンの危険性を伝える記事をきっかけに興味を持ち、NPO法人ソーシャル・エージェンシー協議会を2000年に設立。ホテルやスーパー、飲食店などから排出される食物残さを買い取り、微生物を活用し自然発酵させた後、ミミズの力を借りて有機肥料を作り出す活動を進めています。また、農地法第3条の許可を受け、有機肥料を使った紫アスパラガスの無農薬栽培に取り組むなど、農業への参入も果たしました。

「廃棄物の回収から農作物の生産・販売までを行う循環型システムの構築を目指しています。販路確立が今後の課題ですが、国内だけではなく、海外にも広げていきたいですね」

同友会には経営者仲間の紹介で79年に入会しました。「当初はあまり顔を出していなかった」と話す榊さんですが、経営を進めていく中で社員教育の必要性を強く感じ、あらためて同友会の活動を見直します。

それまでは宝飾関連の全国的な協同組合「ゴールドチェーン」などに所属し、講師を呼んで人材育成を図っていました。しかし、「社員教育には地域に合った情報、育成が必要であり、それが同友会では実現できる」と考え、積極的に参加するようになっていったそうです。

「業種や企業の規模を問わず、さまざまな経営者と壁がなく話せるのが同友会の魅力」と話す榊さん。現在も函館支部幹事として同友会活動を支えています。

（2014年5月号掲載）

有限会社メガネのサカキ　榊 清市

生き生き手袋本舗株式会社　代表取締役

伊藤　千鶴子

いとう・ちづこ　1943(昭和18)年6月20日生まれ、函館市出身。82年にクリーニング事業を手掛けるアート美装サービス、97年には人材派遣業の人材開発を立ち上げ、2000年から介護事業に参入。その後、生き生き手袋本舗を設立し、現在に至る。同友会へは09年に入会した。

生き生き手袋本舗株式会社　(札幌支部)

〒063-0869 札幌市西区八軒9東5-1-28
TEL(011)728-0011
業務内容　健康衣料、健康手袋(内側に突起あり)製造、販売
設　　立　2009年設立
資 本 金　500万円
従業員数　3名

人の役に立つ仕事を

新規事業へ果敢に挑戦

生き生き手袋本舗株式会社　伊藤 千鶴子

「人の役に立ちたい――。これが私の経営理念です。会社を存続するには利益が必要ですが、年齢を重ねるにつれ、利益よりも世の中の役に立ち、人の役に立ちたいという思いが強くなってきました」。伊藤さんは、この姿勢を大事にし、顧客と真摯（しんし）に向き合い、今日まで事業を継続してきました。

伊藤さんが経営者として歩み始めたのは結婚後のこと。実家が造園業を営み、企業経営を身近に感じていたため、以前から「自分で会社を立ち上げたい。苦労は多いが、勤め人では味わえない面白さがあるはず」と考えていました。そこで夫の転勤で埼玉県に移り住んだ時、コンデンサを製造する会社で働いて資金を貯める傍ら、元手が少なくて済むサービス業を始めようと、絨毯（じゅうたん）などのクリーニング技術を習得。再び札幌へ転勤となった1982年に建築物の床クリーニングを主要事業とするアート美装サービスを創業します。「当時は、新しい企業でも大手企業から仕事を受注できる環境だったので、売り上げは順調に伸びていきました。私は営業担当でしたが、人手が足りない時は現場作業にも汗を流したりと、何でもやりましたよ」

美装の仕事は「綺麗になったら終わり」というように単発で終わってしまうことが多く、季節によって売り上げが変わるなど、不安定な面があるため、毎月の定期清掃を重点に置いて取り組み、実績を積み重ねることで会社を安定させます。また、積極的に新たな技術や設備などを勉強・導入し、お客様の満足度を向上させるサービスにつなげました。86年には継続的な仕事が見込めるビルメンテナンスへの進出を図り、アートビルシステムへと社名変更します。

97年には、さらなる事業多角化を目指し、人材派遣業の人材開発を設立。当初は経営が厳しく、今後どのように展開していこうかと考えていた時に介護事業への参入を思い付きます。その頃、伊藤さんの母親が認知症で徘徊（はいかい）するようになり、精神科関連の施設に入居していました。ある日、母親に処方された薬を3日間飲むのを止めさせたところ、それまで茶碗が持てないような状態だったのが持てるようになるまで回復します。

こうした経験から「介護はやり方次第で良くも悪くもなる。自分にはもっと良心的な介護ができるのではないか。高齢者をただ施設に任せるのではなく、人間として生きる手助けをしたい」との思いを強くし、99年から自社で介護ヘルパーを養成、2000年に訪問介護事業を開始しました。02年には、人材開発の社長職を長男・直樹さんに譲り、自身は訪問介護とデイサービスを手掛ける札幌ケアシステムの社長に就任します。介護については素人でしたが、医療関係者を紹介してもらい、交流を図る中でつながりを構築し、事業を軌道に乗せました。「介護事業も最初は厳しかったですね。既存の企業がしっかりと顧客を押さえていたので、仕事が全然ありませんでした。そんな時、同業他社を集めて情報交換・共有を図る場を作りましたが、自分だけに仕事がない訳ではないとわかり、勇気付けられたのを覚えています」

現在、すべての事業は長男・直樹さんが受け継ぎ、伊藤さんは新たな事業に挑戦しています。それは手のひらを刺激することで脳の活性化を促す「ツボパワー手袋」の開発・販売です。09年には会社組織となる生き生き手袋本舗を設立しました。大学や病院、NPO法人が科学的に検証し、装着による脳の血流改善効果を確認している商品ですが、高齢者の認知症が改善したという声が寄せられるなど、徐々に認知度が高まっているそうです。「新しいことに取り組むのはお金も時間も掛かり、実現に至らないケースもあります。ですが、私にはもっともっとやりたいことがあるので、これからもずっと仕事を続けていくと思いますよ」

同友会には、仕事を通じて知り合ったAPプランニング・加藤紘一社長の紹介で09年に入会。札幌支部東地区会副会長を務めるほか、同支部女性経営者部会にも所属しています。最初はどんな組織かも知らなかった伊藤さんですが、偶然出会った事務局員の人柄に惹かれ、積極的に同友会活動へと参加していきます。「その事務局の方がいなかったら、私は同友会で活動していなかったかもしれません。それほど事務局員の存在は重要であり、事務局次第で会員の動向が変わってくると思います。やはり人間的な魅力は大事な要素ですね」

（2014年6月号掲載）

杉山　忠夫

株式会社杉山水産　代表取締役

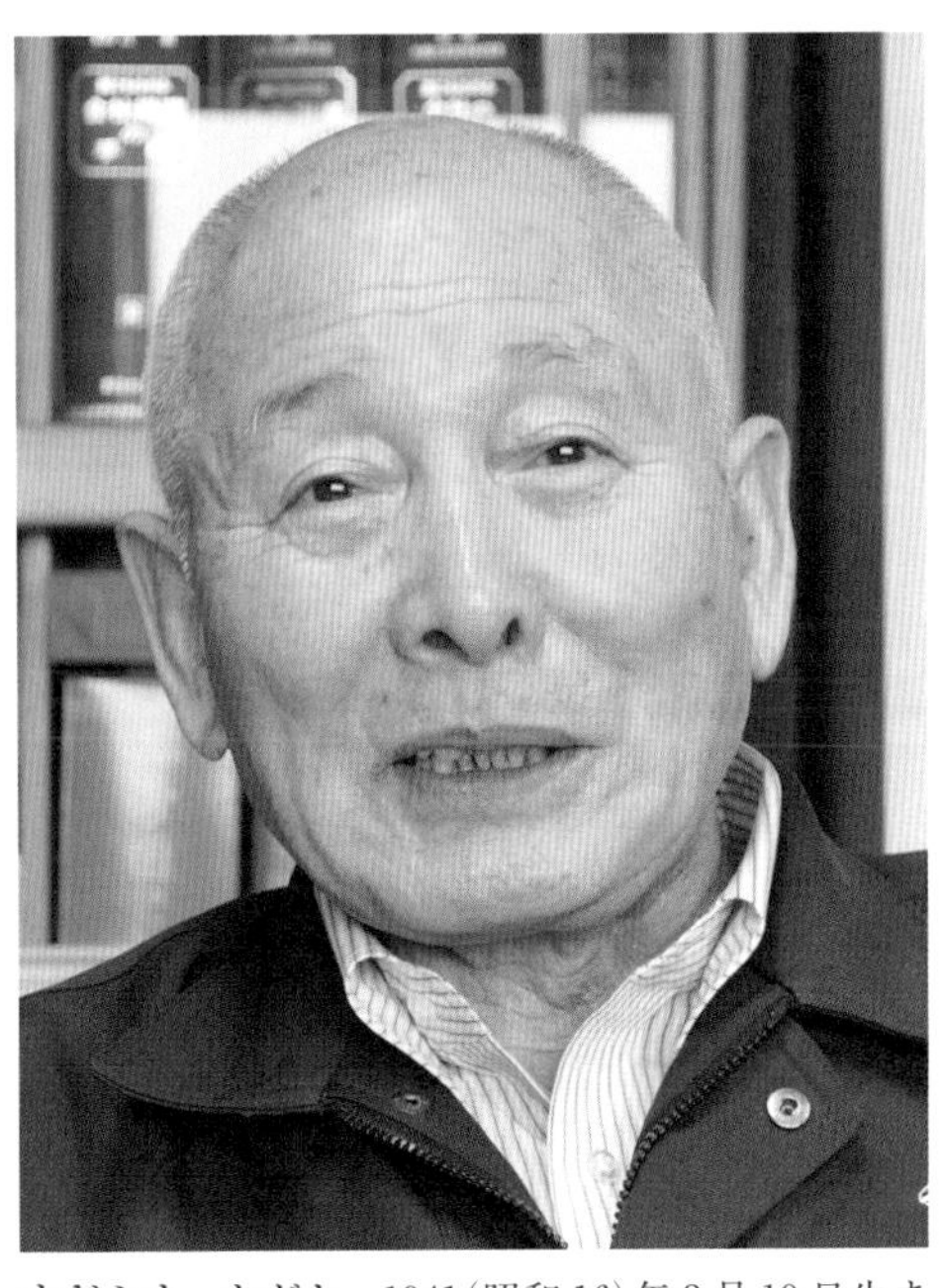

すぎやま・ただお　1941（昭和16）年3月10日生まれ、別海村（現別海町）出身。大沢水産勤務を経て、73年に杉山水産、87年には関連企業のマルダイ水産を設立。現在は根室商工会議所副会頭、根室水産協会相談役も務める。同友会入会は95年で、97年から10年間、根室支部長として活躍した。

株式会社杉山水産（くしろ支部）

〒087-0046 根室市岬町2-8
TEL（0153）22-3463
業務内容　水産物加工卸・販売（蟹・鮭・いくら・ほたて）
設　　立　2016年設立
資 本 金　100万円
従業員数　28名

誇りが持てる仕事を

“師匠”の支えで独立実現

「社長だけおいしいお酒を飲むのは駄目。従業員にもおいしいお酒を飲んでもらわなければね。従業員が周りから『良いところに勤めたね』と言われるよう、誇りが持てるような仕事をすること。これが商売をする上でのわたしの考え方です」

株式会社杉山水産　杉山 忠夫

道路標識にロシア語が併記され、国境に近いことが実感できる日本最東端の街、根室。１９７３年創業の杉山水産は、花咲ガニなど活蟹やさけ・ます、さんまを中心に水産物の生産・加工・販売を手掛けています。水産会社社長として、蟹の買い付けなど現在も最前線で陣頭指揮を取っています。パンフレットにある「鮮度に勝るご馳走はありません」のキャッチコピー通り、全国の食卓へ新鮮な水産物を届けています。

別海町で生まれた杉山さんは幼少の頃に根室市へ引っ越し、根室中学を卒業後、馬を使った輸送の仕事を手伝うようになります。後に現在の仕事の『師匠』となる大沢鉄三さんと出会ったのは16歳の時。「同じ仕事をしていて、よく一緒に遊んでもらった大沢さんは、10歳年上で兄貴分のような存在でした。昔から面倒見が良く、かわいがってもらった思い出しかありません」

67年の冬には結婚という大きな転機が訪れます。結婚を機に、地元企業への就職を決め、漁業組合に入って製氷工場の仕事に就こうと9割方気持ちを固めますが、大沢さんからも「自分の会社に入らないか」と誘われます。漁組の安定した仕事を取るか――、兄貴分である大沢さんの小さな会社を選ぶか――。「人生の分かれ道」と述懐するほど、悩みに悩んだそうです。

翌68年4月、杉山さんは大沢さんの会社、大沢水産に入社します。「わたしの性格や仕事ぶりを知っている大沢さんと働きたいと思ったからです。結婚して、将来は水産業の仕事で独立したい思いもありました。今考えると、漁組に就職していたら、独立しようという考えにはならなかったかもしれませんね」と笑顔で振り返ります。

大沢水産では5年勤務しましたが、この経験が今の土台になっています。「小さな会社ですから、何から何までできる環境です。人が10年で覚えることを5年で覚えようと昼夜問わず働き、給料も仕事をやればやるだけもらえました。仕事の一番大事なポイントは蟹の状態を見極めることです。品質を見定める目を持てるようになり、経営する責任の大きさや楽しさを大沢さんの背中を見て学べたことも大きかったですね」

73年には独立を果たし、杉山水産を設立。「大沢さんに相談すると、支援を約束してくれました。うれしかったですね」

独立準備の最中、情勢が大きく変化します。オイルショックです。「すべての物の値段が上がってしまい、当初独立するために貯めた資金の4倍必要になることがわかりました。その2年前に建てた住宅を売却しても足りません。新しい会社ですから、簡単に銀行から融資が受けられる訳ではありませんでした。でもやめるわけにはいきません」。結局、大沢さんが保証を引き受け、融資を得られたことで会社設立が決まります。

独立後もさまざまな問題に直面。200カイリ問題では、一部水域で蟹の全面禁漁が決まり、収穫量が前年の3割しか見込めなくなります。杉山さんは、蟹に代わるさけ・ます、さんまなどの水産物を扱おうと工場を新設し、難局を乗り切っていきました。

87年には、恩人の大沢さんが会社を札幌に移すことになったため、根室での営業権や従業員などを引き受け、関連会社のマルダイ水産を設立します。両社共同で大量仕

株式会社杉山水産　杉山 忠夫

入れを実現し、旬の商品を確保するための冷凍設備や大型水槽の設置など、より安く新鮮な商品を届ける努力を続けており、水産加工業におけるトップ企業を目指しています。

同友会への入会は95年。当時、杉山さんが理事を務めていた水産加工組合の理事長であり、同友会の根室支部長だった吉田水産の吉田勲社長から「必ずいいことがあるよ」と勧められたのがきっかけでした。

「入会後はすべて勉強になっていますが、中でも社員教育が役立っています。片腕である幹部と一緒に同友会精神を学び合えることが気に入っています。同友会での学びと、よい社員に恵まれて今があります。根室の価値を地元と外部から深く見ていけば、誇るべき文化があるはず。その文化を発信し、根室を盛り上げるべく、頑張っていきたいですね」

（2014年8月号掲載）

株式会社土屋ホールディングス　取締役会長

土屋　公三

つちや・こうぞう　1941（昭和16）年8月1日生まれ、札幌市出身。啓北商業高校を卒業後、聯合紙器（現レンゴー）勤務などを経て、69年に不動産を取り扱う土屋商事を創業し、その後、住宅建築業に進出した。現在は土屋ホールディングス取締役会長。同友会へは74年に入会した。

株式会社土屋ホールディングス（札幌支部）

〒060-0809 札幌市北区北9西3-7
TEL（011）717-5556

業務内容　注文住宅の設計施工、アパート・マンション・ビルの建築、土地建物の不動産流通
設　　立　1976年設立
資 本 金　711,481万円
従業員数　1,034名

学び続け変化に対応

理想の家へ人材育てる

株式会社土屋ホールディングス　土屋 公三

「私は経営者として成長するため、経営の原理原則を学ぶ勉強を常に続けてきました。資金や技術、営業、労務管理など、さまざまな問題に対応する仕組みづくりが私の仕事ですが、経営者は昔のやり方を踏襲するだけでは駄目であり、刻々と変化する時代に合わせた経営が求められます」。こう話す土屋さんは、1年間に書籍を200冊読むことをノルマとしており、常に学び続ける姿勢は今も変わっていません。

土屋さんは高校卒業後、1960年に段ボールを製造する聯合紙器(現レンゴー)に事務職として入社。若手社員ながら労働組合の書記長に抜擢され、労働環境改善に取り組みます。「組合幹部はベテラン社員ばかりで何故自分がと思いましたが、労働組合での活動はとても良い経験でした。実際に現場で働く社員の気持ちを理解できたことが私の基礎になっています」。入社3年目には営業に配置転換されますが、事務職とは勝手が違い、戸惑いを覚えます。しかし、当時はちょうど農産物輸送に使う木箱が段ボールに切り替わる時期だったことから、農業協同組合へ売り込みを掛けると、タマネギ輸送に採用され、トップセールスとなりました。仕事は順調でしたが、一向に待遇が変わらない現状に満足できず、「大企業で働くよりも自分で商売をやった方が良いのでは」と考え、結局当てもないまま会社を辞めてしまいます。

今後について思案する中、自宅近くにあった北海道神宮を毎朝参拝する日々を2カ月間続けると、ある時、自分の名前が「土屋(土地、家屋)、公三(会社、お客様、社会という3つの公)」を示していることに気付きます。「住宅・不動産業界に携わることは天命だ」と感じた土屋さんは、不動産会社で経験を積んだ後、宅地建物取引主任者の資格を取り、69年に不動産仲介業の土屋商事を一人で創業。昔の人脈などを頼りに着実に業容を拡大していきます。

住宅建築を手掛けるようになったのは、アパート経営への進出がきっかけでした。安定収入を得るため、73年にアパートを取得しますが、1年後に入居者から「部屋からナミダタケが生えてきた」などのクレームが相次ぎます。建設会社に抗議すると「図面通りに作っただけ。納得して購入したものに責任は負えない」と相手にされませんでした。その後もトラブルは続きますが、74年に参加した北欧住宅を視察する研修旅行が転機となります。高品質な住宅を目の当たりにし、「気密性が高くエネルギー消費が少ない、北欧型の住宅を自ら提供したい」との思いを抱き、76年に丸三土屋建設（現・土屋ホーム）を設立。研修を通じて付き合いのあった学識者などの協力も得ながら断熱材を使用した住宅を開発すると、徐々に着工数が増えていきます。84年には自社で建設した省エネモデル住宅「ザ・サッポロ」が全国省エネルギー住宅コンクールで全国第1位の建設大臣賞を受賞。これが起爆剤となり、一気に売り上げが伸び、今日の土台を築きます。

設立から8年経過した頃には、売り上げ100億円を達成。順調に業績を伸ばし、道内だけではなく、フランチャイズチェーンや合弁会社設立などによって全国展開を図りますが、これが失敗の始まりでした。本州では高断熱高気密住宅の普及が進まず、売り上げが上がらない状態が続きます。行き詰まりを感じた土屋さんは撤退を決め、東北地域のフランチャイズ拠点だけを引き継ぎ、その他の拠点は整理しました。「相手の資本や信用、施工能力などを正確に把握しないまま、拡大路線を取ってしまったのがよくなかった」と当時を振り返ります。

会社経営では人材育成に特に力を入れました。理想の家づくりを実現するため、大工を養成する施設「土屋アーキテクチュアカレッジ」を91年に開校。下請に頼らない

株式会社土屋ホールディングス　土屋 公三

施工体制を確立し、他社との差別化を図りました。「組合活動や欠陥住宅被害など、自らが体験した問題を自社で何とか解決しようとしてきたことが、社業の発展に生かされているのではないでしょうか」

同友会には74年に入会。特に印象に残っているのが、北海道同友会の代表理事などを務めた故・大久保尚孝さんとの思い出だそうです。ともに障害のある子供を持つ親ということもあり、親交を深めました。「プライベートや経営上の悩みを相談するなど、公私にわたってお世話になりましたね。私が人間として足を踏み外さないよう、厳しくも温かい助言をしてくれたのが大久保さんであり、人生の師だと今も思っています」

（2014年9月号掲載）

株式会社ひだの塗装工業　代表取締役会長

飛彈野　正幸

ひだの・まさゆき　1943(昭和18)年7月3日生まれ、東川町出身。68年4月、ひだの塗装工業を設立し、現在は代表取締役会長を務めている。2012年から旭川塗装工業協同組合理事長。07年には技能検定関係で厚生労働大臣表彰を受賞した。同友会へは78年に入会した。

株式会社ひだの塗装工業　(道北あさひかわ支部)

〒078-8275　旭川市工業団地5-3-3-25
TEL(0166)36-7729

業務内容　建築・橋塗装・FRP防水工事・外部断熱工事・塗床工事・エポキシ樹脂注入工事・アスベスト撤去
設　　立　1968年設立
資 本 金　1,000万円
従業員数　19名

心に残る仕事を提供

人材づくりへ情熱注ぐ

「安く良いものを良心的に。心に残る塗装を提供したい」。身一つで、ひだの塗装工業(本社・旭川)を起業して以来、旭川の業界で中核となった今も、この思いは変わることがありません。経営の根底には、同友会で学んだ人とのつながりを大切にする強い気持ちと、顧客の信頼に応える人材づくりへの情熱があります。

株式会社ひだの塗装工業　飛弾野 正幸

飛弾野さんは、東川町で公務員を務めていた父・数右衛門さんの次男、5人兄弟の3番目として生まれました。道立旭川農業高校を卒業し、旭川市内の青山塗装に入社。塗装のことを何も知らず業界の門をくぐり、仕事をこなしながら事業所内訓練校に通い、3年かけて技能や塗料、材料知識の基礎を習得。その後、現場管理に従事し、塗装業のいろはを学びます。

会社側には、後継者にという思いもあったそうですが、「5年を区切り」と考え、6年目に独立を目指します。先行きを心配する声が多い中、唯一賛成してくれた父親の後押しで1968年4月、ひだの塗装工業を立ち上げました。

24歳の若き起業家はバイクで旭川市内を巡り、飛び込み営業に汗を流しました。住宅や、他の企業が参入していない公共物件市場を開拓。当時、塗装の営業回りは珍しく、「5件あたれば3件は見積もり依頼が得られ、驚きと喜びの中での船出でした」。顧客の相談に、丁寧な見積もりと仕事で応えた結果、当時の職人給与の約10倍にあたる800万円を1年目から稼ぎ出します。「小規模な工事ばかりだったけれど、考えられないくらいの仕事ができました」

青山塗装とは、退職したことで、その後しばらく疎遠になりましたが、訓練校で学んだ塗料や材料の知識がとても役に立ち、訓練校に通わせていただいたことや指導に感謝の念を抱いているそうです。

同友会を知ったのは、独立後のこと。顧客の勧めで「異業種のことを知りたい」と関心を持ち、78年4月に入会。道北あさひかわ支部の伝統的な集まり『焼鳥金曜大学』など、相手の顔が見える小規模な会合に積極的に参加し、仲間と学びや交流を深めました。

酒を交わしながらの熱い談義は「みんな心を開いていて、とてもすてきな集まり」。交流で築いた人脈は、仕事の受注を通じ社業飛躍の転機となりました。

三広堂の鈴木栄子会長とは看板や屋外広告のデザインという塗装に関連する分野で意気投合し、仕事のヒントをもらうなど、今では30年以上の付き合い。当時、焼鳥金曜大学学長だった丸善三番舘の大蔵業立会長には、銀座通にある三番舘本店の壁を彩る名物の壁画アートを依頼されました。評判となった壁画は、後に旭川神社にある能舞台の壁絵の受注につながるなど、商売の幅を広げるのに役立ったそう。
「安く良い、心に残る塗装を」という思いは、こうした顔の見える関係づくりから生まれます。交流を通じて得られる、仕事への反応や指摘は社業を見直し、会社を鍛える要素となりました。「同友会では人のつながりが、いかに大切かということを教えていただいた。同友会の良さを知るには、積極的に参加し、長く交流を続けることが大切だと思います」

76年に旭川認定高等訓練校(現在は閉鎖)の講師となってからは、長きにわたり人材育成に尽力してきました。同友会活動を通じ、縦や横に広がる人のつながりの重要性を実感したことで、未来を担う若者たちには「一番大事なことは仲間づくり」と説き続けたといいます。

そうした飛弾野さんの経営戦略の柱は、第一が人材づくり。「顧客の信頼を勝ち得る、技能や知識と人間関係づくりができる優秀な人材が企業を支える」と考え、入社した社員を学歴に関係なく訓練校へと通わせ、仲間づくりや塗装の技能、技術を学ばせました。一方で、早くから塗装の枠を超えた分野にも着目し、技術者養成に惜しみなく資金を投入してきました。

建設業は低成長期、バブル崩壊と、過去20年以上にわたり冬の時代を迎えました。社業が維持できたのは「塗装だけでなく、コンクリート補修や防水、アスベスト対策など、地域で他にない技術を提供できる、商品構成の多彩さがあったから。地域でオンリーワンの頼られる存在であることは当社の強み」。その強みは、手塩にかけ育てた人材が担っています。人づくりのコツは「良く話しを聞き、良く見てあげること」。熱い心で向き合い社員を大切にする姿勢が会社を支えています。

（2014年10月号掲載）

株式会社にいぬま　代表取締役会長

新沼　靖典

にいぬま・やすのり　1941(昭和16)年4月5日生まれ、足寄町出身。62年に父親が創業した新沼商店に入社。専務を経て80年に社長に就任し、現在は会長。67年に会社を法人化し、2008年には「にいぬま」に社名変更している。97年から12年まで足寄町商工会会長を務めた。

株式会社にいぬま　（とかち支部）

〒089-3701　足寄郡足寄町北1-3-13
TEL（0156）25-3184
業務内容　家具・インテリア・介護用品・婦人衣料販売・一般建築設計施工
設　　立　1967年設立
資 本 金　1,000万円
従業員数　10名

果敢に他業種へ挑戦

将来見据えて支え合う

家具やインテリアを販売する「にいぬま」をはじめ、ブティックや設計事務所、介護用品店など、さまざまな業種に挑戦し、足寄町内の商業発展に尽力してきた新沼さん。「1人の力なんて知れているもの。仲間に支えてもらったから今の自分がある」と、自分に力を貸してくれた家族や仲間への感謝を忘れません。

父親が創業した新沼商店は建築資材や家具を販売する店でした。5人兄弟の長男だった新沼さんですが、幼少の頃から「後は継がないでいい。自分のやりたいことをやれ」と言われ続けました。しかし、それは「本当は継いでほしい」という思いの裏返しだと察し、高校3年生の時に店を継ぐことを伝えます。「父はとても喜んでくれて、私にバイクなど色々なものを買ってくれましたよ」

高校卒業後、北海道簿記専修学校に入学。簿記の資格を習得し、1962年に新沼商店に入社します。時代は高度経済成長期。受注はどんどん伸びていきました。休みはほとんどなく、朝8時半から深夜12時までひっきりなしに働いても仕事が追いつきません。「お客さんには自宅の錠を開けたままにしてもらい、深夜にそっと家具を届けたこともある」ほどでした。

79年に父親が亡くなり、翌年に社長に就任しました。その頃には建築資材から家具へと主力業務を移行していましたが、足寄町の人口が減少する中、「花嫁タンスを売らないと家具屋ではないと言われているが、タンスでは数字をつくれない」と考え、町内の他の店よりもいち早くインテリア販売を開始。やがて全体の売り上げのうち、ソファや食卓、ベッドの売り上げが大きなウエートを占めるようになりました。

88年には再び転機が訪れます。町内にある衣料店のオーナーから「店を買ってほしい。あなたしかいない」と頼まれ、「家具屋はこれ以上伸びない。将来的に必要な商売になる」と事業引き受けを決断。89年にブティック「FASHIONグレイス」を開店します。オープンセールでは3日間で在庫を全て売り切るなど好調なスタートを切り、5年間で売り上げ1億円を突破したそうです。衣料品業界の知識はありませんでしたが、「他店と同じことはできない。長い付き合いが持てるお客さんを育てよう」と、30代後半の女性がターゲットのブランドを意識した品揃えにしました。

東京のメーカーを主体とする商品仕入れのルートは、偶然の出会いから生まれました。ある日、スカート専門のメーカーに飛び込み営業で訪れると、北海道の会社であることに興味を持ってもらい、道内にいる知人の紹介を受けます。その人を通じて大手メーカーとのつながりができました。「人の付き合いや出会いをすごく意識できるようになった」。こうしてブティック経営を通じ、人との縁の大切さを実感したといいます。

これまでにはブティックのほか設計事務所や介護用品店も開業しました。果敢に他業種へ挑戦する姿勢には「チャンスがあって自分に興味があることならやってみるべき。引き際だけきちんと持っていればいい」と、自身の好奇心と採算性を見通した計算があります。

２０１１年には息子に社長を譲り、会長に就きました。新沼商店は「にいぬま」へと社名変更し、大型ホームセンターとの差別化を図るため、高級品販売に方針を転換しています。また、町内の小売店が閉店していく中で、文房具など以前は取り扱っていなかったものも仕入れるようになりました。

新沼さんは「大型店に買いに行く人たちは車を利用する。だが、いずれ高齢になると車に乗れなくなる」と、町内に「買い物難民」が生まれることを危惧します。今後は「今、町内に残っている店をみんなで支え合って長くやってもらうこと」が目標です。

同友会には82年に入会。同友会活動で印象に残っているのは、焼き肉レストラン「平和園」の新田良基会長の言葉です。講演で新田会長は本店を大黒柱に例え、「大黒柱を他の所に移さなければならない場合もある。それができない時は、細くてもいいから何本もの柱で大黒柱を支える必要がある」と呼び掛けました。細い柱とは、平和園の場合は各地に出店した支店ですが、にいぬまは他業種に挑戦することで大黒柱を支えています。「新田会長とはやり方は違うけれど考え方は同じ」。それが経営方針を決める上で大きな力になりました。「他業種の方々から話を聞かせてもらえる場があることがすごく心強い」と、新沼さんは同友会との縁に感謝しています。

（2014年11月号掲載）

神代　澄子

平岸ハイヤー株式会社　代表取締役社長

くましろ・すみこ　1940（昭和15）年8月22日生まれ、札幌市出身。夫・利臣氏の後を継ぎ、2003年に代表取締役社長に就任した。

平岸ハイヤー株式会社（札幌支部）

〒069-0932 札幌市豊平区平岸2-4-5-15
TEL（011）831-8115
業務内容　一般乗用旅客自動車運送業
設　　立　1958年設立
資 本 金　2,000万円
従業員数　206名

社員の幸せを第一に　信頼築き危機乗り切る

「会社にとって一番大事なのは社員です。ですから、私は社員が健康で幸せであることを第一に考え、経営に取り組んできました。そうでなければ、お客様に満足してもらえるサービスは提供できませんから」。社員への思いは強く、一人一人の誕生日には手紙を送り、日頃の頑張りに対する感謝の気持ちを伝えています。

平岸ハイヤー株式会社　神代 澄子

先代社長である利臣さんと1969年に結婚。その後、1男2女を授かり、会社経営に携わることなく、専業主婦として家庭を支えてきました。そうした生活がずっと続くと考えていましたが、2003年に夫・利臣さんが病気で他界。後を引き継ぐ形で5代目社長に就任します。「既に還暦を過ぎ、これから悠々自適な暮らしを送ろうと思っていた矢先の出来事だったので、言葉も通じない、右も左も分からない異国に一人で放り出されたような心境でしたね」。しかし、不安以上に大きかったのが、会社で働いていた200人以上の社員とその家族を守らなければいけない、という使命感でした。

当時は規制緩和の直後。タクシーの台数が2割以上増加し、業界は厳しい時代を迎えていました。「このままではいけないと理解しているが、何をどうしたらいいか分からない」。そんな思いを抱えながら、何かヒントがないかと色々なセミナーや講演会などへ毎日のように足を運ぶ日々が続きます。「寝ても覚めても頭に浮かぶのは社員のことばかり。精神的にもつらい時期でした」

会社は先代社長を長年支えてきた役員が中心となって運営していましたが、これまでの成功体験をベースとした経営が続いていたため、売り上げは激減。神代さんは「このままでは会社がなくなってしまう。今までにないやり方を推進できる体制を整えなければいけない」と危機感を抱き、役員を刷新するという一つの決断を下します。「労働組合が受け入れてくれるか不安はありましたが、『私に付いてきてほしい』と声を掛けると、『社長に付いていきます』という言葉とともに、一人一人が握手をしてくれたんです。その瞬間、涙が溢れて止まりませんでした」

役員交代の効果はすぐに表れました。「失敗してもいいから、良いと思ったことは、とにかく実行してほしい。何もしないで駄目になるより、やって駄目な方がいい。失敗しても全て私の責任だから」。こう言い続けた神代さんの思いが通じ、若い社員が自発的に新たな取り組みを提案するなど、社内の雰囲気が良くなり、前向きで風通しの良い組織になっていきます。

平岸ハイヤーでは、全車スタッドレスタイヤ装着やＧＰＳナビ配車システム導入、妊婦の送迎サービスなど、常にお客様のことを考え、他社に先駆けたサービスを積極的に提供してきました。近年では、シニア割引や長距離移動の定額運賃が好評を得ています。

加えて、「地域のおかげで会社は成り立っている」という思いから地域貢献活動にも力を入れてきました。社員全員が参加するごみ拾いのほか、児童の登下校を見守るスクールガード、街頭交通安全啓発、地元のお祭りの手伝い、独居老人の安否確認、除雪ボランティアなどにも取り組んでいます。「代々受け継がれてきた『地域を大切にする』という姿勢を社員が率先して実践してくれているのが何よりもうれしいです」。地道な活動は顧客の信頼にもつながっており、今では乗客の半分以上を予約客で占め、札幌交通圏でのタクシー1日1台当たりの売上平均1位になりました。

比較的平均年齢が高いタクシー業界ですが、最近では徐々に若いドライバーも増えてきました。社内では、ベテラン乗務員が優しく後輩を指導する光景が見られるな

平岸ハイヤー株式会社　神代 澄子

ど、世代に関わらず社員同士の仲が良く、和やかな雰囲気になっています。「休憩室が皆の笑顔で溢れることが私にとって一番の喜びであり、自分もその輪の中に入りたくなるんですよ。管理職と乗務員の垣根も無くなってきていますね」と、社内に一体感が生まれていることに充実を感じています。

同友会に入会したのは、社長に就任したばかりの04年。経営者として学ぶことができる場を探していた時期で、すぐに経営指針研究会に所属しました。

同友会活動では、ある会合で、どうきゆうの中西泰司社長が話した「社員の幸せのために会社はある」という言葉が印象に残っているそうです。「他人の利益や便益を重んじ、自己をささげる心構えである『利他の精神』ということを強調しているのを聞き、共感を覚えました。私も社員のために経営があると考えていたので、我が意を得たりという思いでしたね」

（2015年1月号掲載）

有限会社そらち　取締役会長

木藤　清

きどう・きよし　1941（昭和16）年9月19日生まれ、由仁町出身。農業などに従事した後、そらちを創業し、現在に至る。

有限会社そらち（南空知支部）

〒069-1512 夕張郡栗山町松風2
TEL（0123）72-1236
業務内容　内装工事、寝装寝具製造販売・レンタル・リース
設　　立　1986年設立
資 本 金　500万円
従業員数　6名

有限会社そらち　木藤 清

感謝の言葉が励みに

顧客目線で信頼を獲得

「これまで会社を続けてこられたのは、自分の手に余るような仕事をするのではなく、身の丈に合った商売をしてきたからではないでしょうか」。寝装寝具の製造販売やレンタル・リースなどを展開するそらちでは、他社にはない付加価値を持った商品・サービスを適正価格で提供することを心掛けてきました。「利益は重要ですが、『ここで買った布団は本当に寝心地が良かった』というお客様の言葉が一番ありがたいですね」

木藤さんの実家は、由仁町で祖父の代から農業を行っていました。自身も後を継ぐべく、由仁高等学校の定時制に通い、働きながら農業を勉強。卒業後は家業を手伝い、米作りなどに汗を流す日々を送りますが、24歳の頃に転機が訪れます。ちょうど大型機械が導入され始めた時期で、農業経営には変革の波が押し寄せていました。農家を続けていくべきかを家族で話し合った結果、他業種に転換することを決めます。木藤さんは義理の弟が経営していた栗沢綿毛に入社し、寝装寝具業について理解を深めていきました。最初はあまり乗り気ではありませんでしたが、「始めると布団というものが人生の中でどれだけ大事な役割を果たしているかが分かりました。そして、寝装寝具の仕事は無くてはならない商売だと思うようになっていったんです」と、徐々にやりがいを感じていきます。

「将来的には独立しよう」と考えていた木藤さんは、1986年にそらちを設立。栗山町には既に栗沢綿毛の関連会社である栗山寝装店があったため、岩見沢市に本社を置きます。布団が中々売れない時代になってきたことを踏まえ、寝具のレンタル・リースを事業の柱に据えました。「葬儀やイベントなど、一般家庭でもほしい時に必要な分だけ貸すことができる業者を目指しましたが、栗山町に大きなダムが建設され、建設業者の宿舎に寝具を貸し出す仕事があったのも大きかったかもしれません」

一人で飛び込み営業を続ける中で、自ら顧客を開拓していく所に仕事の面白みを感じます。元々、性別や年代を問わず色々な人と話をするのが好きだった木藤さん。人当たりの良さもあり、徐々に顧客の信頼を得ていきました。「商いについて学んだことはありませんでしたが、その人の立場になって考えるという姿勢が商売に役立ったのかもしれません。農業から転身し、全く身なりに気を遣っていなかった私を心配して『商売を続けていくなら、もっと良い服を着た方がいい』と助言してくれたお客様もいました。本当にお客様に育ててもらったなぁ、と感謝していますよ」

寝装寝具以外の収入源として内装工事にも取り組みました。「当時は公共工事の発注が多く、栗山町でも図書館や学校などが建設されたほか、体育館ステージの舞台設備などの仕事もあり、非常に忙しかったですね」。こうした多角化の効果もあり順調に売り上げを伸ばし、92年には栗沢綿毛と栗山寝装店の事業を受け継ぎ、本社を栗山町に移します。

創業当初、布団の綿は羊毛といった自然繊維が主体でしたが、現在では合成繊維の需要も増えています。「住宅性能が向上し、家の中が昔よりも温かくなったことが影響しています。保温性もさることながら、軽くて持ち運びが楽なものが求められるように変わってきました」。こうした布団の素材に対応するだけではなく、住宅リフォーム事業への進出、営業エリア拡大など、本業を大事にしつつも時代の変化に合わせることで、経営安定化に努めてきました。

2004年には社長職を長男・浩二さんへ譲り、会長に就任。これは余力がある内に事業を譲り、何か困ったことがあれば、後方から手助けしたいと思ったからでした。「我々の商売は小規模なので、全ての仕事をこなせなければいけません。従業員は6人ですが、皆目一杯働いてますから、10人以上の働きをしていると思います。私が口を出すことはないですよ」

同友会には83年に入会。年齢制限で栗山青年会議所を卒業した時に、中田建築設計の中田信広社長から「一度、栗山町を外から見てみないか」と言われ、入会を勧められたのがきっかけでした。90年には南空知支部幹事長、97～04年には同支部副支部長を務めるなど、中心メンバーとして活躍します。

「会員同士が忌憚(きたん)なく、率直な意見をぶつけ合うことができるのが同友会のいい所で、私も随分夜遅くまで議論しました。所属する地域が違う、普段は会えない人たちと話をするのも勉強になりましたね」

（2015年2月号掲載）

株式会社テキサス　代表取締役

落合　洋

おちあい・ひろし　1943(昭和18)年10月8日生まれ、帯広市出身。パンメーカー勤務を経て、テキサスを創業。07〜10年には北海道同友会副代表理事を務めた。

株式会社テキサス　(とかち支部)

〒080-2470 帯広市西20南2-22
TEL(0155)35-8080
業務内容　精肉及び食品一般、酒、米、雑貨小売業
設　　立　1984年設立
資 本 金　1,300万円
従業員数　300名

顧客の声が答え導く

食肉市場に可能性見出す

株式会社テキサス　落合 洋

焼き肉バイキング「ウエスタン」と、生鮮食品・お酒などを扱うテキサスグループを経営する落合さんの経営哲学は「お客さまに近づけ」です。「私たちが何をしなければならないのか、何を求めているのか、色々な答えを出してくれるのがお客さまです」。お客さまの満足と笑顔を生むために、時には逆境に見舞われ、瀬戸際に追い込まれたこともありました。しかし、「色々な人やお客さまに助けられて、今があります。多少のことがあっても、『あの壁を乗り越えられたのだから』と思えるのです。苦労に鍛えられました」と朗らかに振り返ります。

帯広で生まれ育ち、地元のパンメーカーに就職。営業や企画に携わっていましたが、30歳の時、「もっとパンの勉強をしてこい」と米国での研修を命じられます。シアトルを振り出しにミネアポリスなど中西部の都市を回りつつ、食肉文化を目の当たりに。ハワイ大学での夏期講座でイースト菌を学んでいた時は毎日のようにステーキハウスに通い詰めたといいます。「すっかりはまりましたね。肉の大きさもダイナミックで。北海道でも食肉市場の可能性があるのではないかと思うようになりました」。帰国後も、食肉ビジネスへの興味は膨らみ続けます。パンメーカーを円満退社し、１９７９年4月にウエスタンの創業店をオープン。夢の第一歩を踏み出します。

2年後には2号店を開店。しかし利益がなかなか出ません。仕入れ原価に限界を感じ、思い切って食肉を大量に扱う土日オープンの食肉小売店を開くことに。札幌や九州でノウハウを学び、84年11月に「テキサス」を帯広に誕生させます。ウエスタンとテキサスは、いわば車軸の両輪の関係。より多くの食肉を扱うことでたくさんの情報を得ることができ、原価管理も工夫できるようになったといいます。

テキサスでお米とお酒のディスカウントに乗り出した時が一つの転機となりまし

た。食糧管理法や酒税法の規制に加え、業界団体の結束が強く、相当な反発があったそうです。「お酒を仕入れようと思ったら問屋に『今日から取引ができません』と言われまして。札幌の問屋にもお願いしましたがだめだ、と」。安売りが火種となってテキサス包囲網がつくられてしまっていました。

「たまたま焼酎メーカーの知り合いを通じて滝川の卸問屋から仕入れることができ、事なきを得ましたが、この難局を乗り切れたことがその後の経営に大きく役立っています。戦わず、ぬるま湯体質になっていたら今の会社は無かったかもしれません」

ウエスタンは焼き肉だけでなく、すしやスイーツなどが揃う多彩なバイキングが特徴。祖父母から孫まで幅広い世代の家族に親しまれています。メニューや原価の管理は困難を伴いますが、「店側の都合をお客さまに押し付けてはいけません。日々お客さまと向き合う中で、変えるものは変え、残すものは残していかなければ」という姿勢で改善を進めてきました。２００５年には独自の原価管理システムを導入。どれだけ食べるか分からず、原価計算が難しいとされるバイキング店ですが、スムーズな計数管理が可能になりました。

ウエスタンの「お客さまの声はがき」には、毎週80～１００通ほどの意見が寄せられます。それを毎週火曜日にテレビ会議システムを使って役員を含めた全社員で検証しています。「ネガティブな情報ほど速やかに全店で共有するようにしています。全てはお客さまが我々に求め、応えなければならないことなのですから」とクレームにも謙虚に向き合います。人の仕事にミスは付きもの。しかし、誰が悪いかということよりも、課題を共有するため、組織の風通しを良くすることを重視します。

充実した社内託児所があるのも特徴です。創業初期の頃に開設し、そこで過ごした

株式会社テキサス　落合 洋

子どもが、今ではアルバイトで働いてくれているそう。2010年には開放的なホールを備えた施設を新築。安心して働いてもらいたいという落合さんの気遣いが従業員の子どもたちにも届いています。

同友会には85年に入会。92年には帯広支部(当時)の学び合い活動推進室長として、経営者同士がテーマに基づいて討議する「拓の会」を、99年には後継者を育てる「あすなる会」を発足させます。04年から08年までは支部長を務めました。「色々な役を引き受けて多くの人との出会いとご縁をいただきました。学びの場を与えてくれたことは自分の財産。『人儲け』させていただきました」と笑います。

(2015年3月号掲載)

株式会社タナカコンサルタント　代表取締役会長

田中　稔

たなか・みのる　1939（昭和14）年12月9日生まれ、平取町出身。71年に前身となる田中測量設計事務所を創業。2001～04年には同友会苫小牧支部の副支部長を務めた。

株式会社タナカコンサルタント（苫小牧支部）

〒053-0052 苫小牧市新開町2-1-3
TEL（0144）51-2551

業務内容　建設・補償コンサルタント、地質調査、測量業、航空レーザ測量
設　　立　1971年設立
資 本 金　2,500万円
従業員数　98名

株式会社タナカコンサルタント　田中 稔

社会資本整備に誇り

旺盛な好奇心で事業展開

道路や港湾、治山・治水など、人々が安全で快適な暮らしを送るために必要不可欠な社会資本整備。タナカコンサルタント(本社・苫小牧)では、長年、工事の前段階となる測量、補償・建設コンサルタント、設計といった業務を担ってきました。「高い技術と誠実な仕事で社会に貢献する、これが当社の経営理念です。社会全体の財産である産業・生活基盤構築に携わってこれたことは私の誇りですね」

『測量』との出会いは小学校5年生の頃でした。ある日、下校時に友達と小道を歩いていると、4、5人の男の人たちがポールなどを使って計測作業をしているのを見かけます。物珍しさから「何をしているの」と尋ねたところ、「洪水から田畑を守る堤防を作るために測量をしているんだよ」という答えが返ってきました。今までに見たことがなかったこの光景は記憶に強く刻まれ、「測量の仕事に就きたい」との思いを強くし、苫小牧工業高校土木科への進学を決めます。卒業後は北海道産業専門学校でも2年間学び、1958年に苫小牧に本社を置く測量設計業の企業に入社。測量技師として技術を磨くだけではなく、土地家屋調査士の資格も取得するなど、日々研さんに努めていきます。

このままずっと勤め続けるつもりでいた田中さんですが、独立の機会は突然訪れます。同じ会社に土地家屋調査士が2人以上在籍してはいけないことになり、登録を抹消するか、自分で創業するかの選択を迫られたからでした。思い悩んだ末、71年に田中測量設計事務所(現タナカコンサルタント)を設立します。「経営者になろうとは全く考えていなかったので、まさに青天の霹靂(へきれき)でした。資金も事務所も測量機器もなく、不安はありましたが、子供も生まれたばかりでやるしかありませんでしたね」

創業当時は測量だけを手掛けていましたが、道路を作るにしても測量や地質調査、用地補償、設計など、さまざまな業務が関わってくるため、顧客からは「違う業務にも取り組んでみないか」と言われます。こうした要望に応えるため、一から資格者を育て上げ、86年に補償コンサルタント、88年に1級建築士事務所、91年に建設コンサル、94年に地質業務の登録を行うなど、徐々に事業領域を拡大。それに伴い、営業エリアも道内全域へと広げていきます。

官庁の仕事を初めて受注したのは72年。道道千歳鵡川線にバス停留所の待避スペースを作るための測量業務でした。「金額は9万円という本当に小さな仕事でしたが、初めて落札した案件だったので、感激したのを今でも覚えています」。また、77年に請け負った苫小牧東部地域開発の測量業務も一つの契機となります。「三角測量や基準点測量、地形測量などを担当しましたが、受注金額が約1億円と、それまでの仕事とは規模が違い、大きなやりがいを感じました。非常に幸運だったと思います」

好奇心旺盛な田中さんは、コンピューターで製図するCADシステムを他社に先駆けて導入するなど、絶えず新たな技術に関心を持ち、自社で実践し続けてきました。

レーザー光線で地形や対象物を計測する3次元レーザースキャニングシステムもその一つ。開発のきっかけは、96年に発生した余市町と古平町を結ぶ豊浜トンネルの崩落事故でした。「崖地のため人が調査に入れず、地形測量が難しい現場を調査できる方法はないか」と考えますが、中々良いアイデアは浮かびません。しかし、2007年頃に東京のある企業から持ち込まれたレーザー計測装置が解決の糸口となります。見た瞬間に「こんな機械があったのか。これで自分の考えを実現できる」と即決で購入。これを基に、ヘリコプターや車両、船舶などの移動体に積み替えて、さまざまな地形を計測できるシステムを確立しました。徐々に引き合いは増えており、東北や九州、四国など、北海道以外でも事業を展開しています。

同友会への入会は80年。同友会理念に共感を覚えたことが入会の理由でした。「例会や研修会でも学ばせて頂きましたが、会員同士が共有する経営に関する情報、統計データが自社の成長に大いに役立ちました」

特に印象に残っているのは、農商工連携による地産地消を実践するため、苫小牧支部で、厚真町の酒造好適米「彗星」と苫小牧の水道水を原料とした日本酒「美苫」造りのスタートに携わったことだそうです。「異業種の人たちが集まり、地域振興について積極的に意見を交わしましたが、大いに刺激を受けましたね」

（2015年4月号掲載）

渡辺　宜昌

有限会社渡辺理美容店　代表取締役

わたなべ・のりまさ　1940(昭和15)年11月15日生まれ、札幌市出身。15歳で理美容業界に入り、80年に代表取締役に就任。同友会では札幌支部理美容部会を中心に活動している。

有限会社渡辺理美容店　(札幌支部)

〒064-0806 札幌市中央区南6西18-2-1
TEL(011)563-0668
業務内容　美容業
設　　立　1932年設立
資 本 金　700万円
従業員数　85名

技術と人間性高める

理容から美容へ転換図る

「技術だけでお客様を満足させることはできません。いくら腕が良い美容師でも人間性、人柄を評価してくれなければ再び来店してもらえないからです。いかに顧客の心をつかみ、ニーズを満たすかという点が最も重要であり、そのために何をすべきかを自らが考え、行動しなくてはいけないでしょう」

有限会社渡辺理美容店　渡辺 宜昌

渡辺理美容店は、父・忠三さんが渡辺理髪店として１９３２年に創業しました。渡辺さんが理美容業界に足を踏み入れたのは15歳の時。中学校を卒業してすぐに店に入り、父親の元で修業を積みます。「この業界では、別の店で経験を積んだ後に戻ってくるケースが多いのですが、父は自分で育てるという方針だったようです。厳しく指導されたため、遊びも覚えず、脇目も振らずに仕事に取り組みましたね。後になって理解できましたが、この時期にみっちりと基礎をたたき込まれたことは私の財産になったと思います」

理容師としての成長を目指し、積極的に研修へ参加するなど、技術向上に専心する一方で、お客様とのコミュニケーションという側面から学ぶことも多かったそうです。「当時は、山﨑建設工業(札幌)の創業者・山﨑三次郎氏など、さまざまな経営者が常連客だったため、ためになる話を色々と聞かせていただきました。一代で財をなした経営者に共通していたのは、真面目で実直、そして物を大事にするということ。こうした姿勢は大変勉強になり、私の経営者観に大きく影響しました」と貴重な経験をしたことを自覚します。

80年には父親の後を継ぎ社長に就任。経営者となって実感したのが、「職人の世界と経営の世界は全く違う」ということでした。技術は積み重ねていくものですが、マネジメントは失敗すればそこで終わりです。「経営を巡る環境は常に変化しているため、学び続けなければいけません。さまざまな本を読みましたし、コンサルタントにも助言を求めました。こうして得た知識・情報を自分の中で整理し、どう活用していくかということに苦心しましたね」

元々のスタートは理容店で、男性客をターゲットにしていましたが、「男性は身だしなみとして髪を切るが、女性はファッションと考えている。カットだけではなく、カラーリングなども含めたおしゃれとして捉えており、女性の方が需要は伸びる」と考え、美容分野への進出を模索。65年に美容師だった妻・徳子さんと結婚したことを機に渡辺美容室を開設し、徐々に理容から美容へと事業の軸足を移していきます。

「将来的には多店化したい」と考えていた渡辺さんは、店を任せられる人材の育成に力を入れ、80年に手稲店、82年に清田店を札幌市内にオープンさせるなど、女性客を狙った戦略は効を奏し、徐々に店舗網を拡大。今では札幌市と北広島市を合わせ8店舗を展開するまでになりました。

コンピューターによる顧客、人事管理もいち早く導入しました。あるコンサルタントから、勘や経験に頼らず、数理統計の手法を用いて経営活動を捉える計数管理の必要性を指摘されたためです。高価な機械を購入し、自らプログラミングの方法などを覚え、自社に適合したシステムを構築。これにより、各社員の給料や売り上げ、勤務実態、顧客のリピート率など、さまざまなデータが把握できるようになり、業務効率化につながっていきます。

現在の課題は人材育成だといいます。蓄積した膨大なデータを分析することで、各社員の現状把握はできますが、それを活用した育成プログラムの確立には至っていません。「社員の問題点を指摘し、奮起を促すことはできますが、一人一人の成長を図る具体的な手法についてはまだまだ模索中です。また、若手社員を指導する先輩社員の意識にも変革が必要で、指導内容が伝わらない場合は『相手が悪い』と思うのではなく、『自分の教え方が悪いから相手が理解できないんだ』と考え、指導方法を工夫していかなければいけないでしょう」

同友会には、美容業界の協同組合である北海道へアデザイングループから紹介を受け、82年に入会。札幌支部の中央南地区会、理美容部会に所属し、活動を続けてきました。「例会のほか、同友会大学などにも参加し、経営の参考にさせて頂きました。同友会は共に学び成長する場所であり、経営者だけではなく、社員も学ぶことができる組織です。美容師の世界だけを見ていると、意外と世間を知らないというのが実情です。同友会のおかげで、社員にも変化が表れてきていますよ」（２０１５年５月号掲載）

株式会社矢野旅館　代表取締役

工藤　冴子

くどう・さえこ　1941（昭和16）年1月18日生まれ、福島町出身。63年に明治大を卒業し、母が経営する矢野旅館に入社、2003年に代表取締役に就任した。

株式会社矢野旅館（函館支部）

〒049-1512 松前郡松前町字福山123
TEL（0139）42-2525
業務内容　旅館業
創　　業　1951年創業
資 本 金　1,000万円
従業員数　29名

おもてなしを大切に

道新幹線開業はチャンス

株式会社矢野旅館　工藤 冴子

道内唯一の城下町で、サクラの名所としても有名な松前町。ここに、旅の疲れを癒やしてくれる温泉旅館「矢野」があります。2代目女将の冴子さんは「松前のしきたりや文化を引き継ぎ、資源をうまく掘り起こし、町の魅力をPRできる旅館にしたい」と地域とともに成長することを望み、食文化の伝承や料理研究にも熱心に取り組んでいます。人と人とのふれあいを大切に、今日も笑顔でお客様を迎えています。

1951(昭和26)年に母・正子さんによって創業された矢野旅館。親子で福島町から移住し、新たな生活を始めました。「しっかり者で、意志の強い母は最も尊敬する存在。〝自分の身に付くこと全てが財産になる〟と幼い頃から何でも挑戦させてくれました」。お茶やお花、踊りなどの習い事も大切だと勧められ、特に踊りは名取になるまで続けました。

中、高は札幌の学校に通い、大学は東京へ。当時はオリンピックを5年後に控え、各地で開発が進む変革期、学生運動も盛んでした。大学では社会福祉研究部に所属し、毎年夏に長野県内の養護施設で2週間合宿したことや、老人ホームを訪問したことが印象的だったそうで「さまざまな人との出会い、初めての土地を訪れ、世界感が広がった。この4年間は本当に多くのことを学べた」と振り返ります。

東京で就職内定を受けていましたが、「親元を離れて10年。1、2年親孝行をしてからでも遅くないのでは」と思い直し、卒業後すぐに松前に戻り、旅館で働き始めました。接客や料理などを一から学んでいくうちに、「自分のやるべきことは、ここにある」と思うように。71(昭和46)年の結婚を機に、徐々に経営も任されるようになりました。

87(昭和62)年に法人化し、専務に就任した頃、温泉を掘るという大きな決断をします。「温泉は母の願いでもありました。掘り始めて2年が経過したとき、地下550メートルほどで源泉が湧き出ました。母、そして夫の支えがあったからこそです」。90(平成2)年に温泉旅館としてリニューアルオープンし、客室数も創業時に比べて4倍の28室に増やしました。

天然温泉に加え、郷土料理も大きな売りの一つです。冴子さんは、料理上手だった母から教わった技術に磨きをかけて、松前の地域性と食材を生かした調理法を研究。あわび飯や、くじら汁などを盛り込んだ婚礼の祝膳を再現した松前藩主料理を考案しました。また、地元産にこだわった松前漬けは、昔ながらの女将の醤油味と、若女将の塩味を新たに開発して販売しています。「地産地消は当たり前。昔はどう食されていたのか、どんな調理法がおいしいか」を考えています。

城下町として栄え、蝦夷地のキリシタン文化や北前船交易などの歴史がある松前町。そんな歴史を知りたいと訪れる人が多いのも特徴です。松前藩ゆかりの品々がこの旅館には多く展示され、ロビーはまるで郷土資料館。奥の蔵にも骨董品などが保存されており、今後の有効活用を模索しています。方言も独特で、覚えて帰ってもらおうと箸袋に方言集を記すなどちょっとした工夫も施しています。

旅館業は、お客様に真心を持って接する〝おもてなし〟を大事にしています。その原点は「人と人とのつながり」で、その役目を担う従業員が気持ち良く働ける環境を整えることが経営者の責務だと捉えています。従業員の半数以上が10年超のベテランなのは、良好な関係が築けている証拠です。その上で、毎年2―3人ずつの採用を続け、人材の育成も図っています。

2016(平成28)年3月は、北海道新幹線が開業予定で、道南への注目度が一気に高まります。旅館業、また町にとっては大きなチャンスです。「今こそ、函館や江差をはじめ、近隣市町村と一緒につながり、地域の魅力を最大限アピールしなくてはいけない」と思っており、それぞれの個性を生かした広域観光への取り組みの加速化が大切だとします。先代の伝統を生かし、そして娘である若女将の新しい感性を融合させ、さらなる発展を目指します。

同友会には10(平成22)年に入会。「会員皆様の情熱に触発されることが多く、異業種だからこそ本音で話すこともでき、新たな発見が生まれる」と、視野の広がりを感じています。理念や経営への向き合い方などは共通することが多く「切磋琢磨(せっさたくま)できる環境は素晴らしいですね」とさまざまな人との出会いに感謝しています。

(2015年8月号掲載)

株式会社矢野旅館　工藤 冴子

有限会社二世古酒造　代表取締役

みずぐち・ひろし　1942(昭和17年)12月6日生まれ。札幌市出身。証券会社、会計事務所勤務を経て、71年に父・湊氏とともに二世古酒造を設立。05年から代表取締役社長

有限会社二世古酒造（しりべし・小樽支部）

〒044-0083 虻田郡倶知安町字旭47
TEL(0136)22-1040
業務内容　酒類の製造・販売
設　　立　1971年設立
資 本 金　1,200万円
従業員数　10名

うまくて安い酒造り　「忍」と「断」で逆境越える

「ただ高いだけではなく、安くても良い酒が造れるように努力しなくてはいけません。日本酒の原料の米を作ってくれている農家の人たちの利益が上がるような酒造りにこだわっていきたいです」

有限会社二世古酒造　水口 汪

二世古酒造は、水口さんの父・湊（あつまる）さんが１９７１年に、もともと倶知安町にあった酒蔵を買い取ったのが始まりです。二世古酒造という会社名もこのとき付けた名前です。湊さんが二世古酒造を始めたとき、30歳だった水口さんも会計事務所の仕事を辞めて酒造りの世界に一緒に飛び込みました。当時、道内には40―50ほどの酒造りのメーカーがありましたが、二世古酒造はその中でも売り上げが下位のほうでした。

水口さんは湊さんと弟の清さんとともに地元の官公庁や役場関係者、遠くは八雲や瀬棚、日高、紋別などにも酒を売り込みに歩くも、「おたくの酒の名前は宴会の席でもよく聞くよ。〝まずいから持ってくるな〟ってね」「二世古という名前が見えないように瓶に新聞を巻いてきてよ」などと厳しい言葉を投げられることもしばしばでした。しかし、水口さん親子はこうした逆境にもめげず、まずは地域の人たちに自分たちの酒を知ってもらおうと羊蹄山麓の農家を回り、1合瓶を配って酒を飲んでもらっていました。この間、麹の量の調整などをして酒の味にも改良を加えました。こうした努力の甲斐もあり、ようやく「うまい」と言ってくれる人も出始め、事業が軌道に乗り始めたのです。

酒は毎年11月から3月の冬の期間に仕込みます。二世古酒造を始めたとき、杜氏は新潟県から来てもらっていましたが、水口さんも朝3時半ごろには起きて仕込みを手伝っていました。若い時はビールやウイスキーばかり飲んでいましたが、〝酒造りの勉強をしなければ〟と一念発起。毎日杜氏と一緒に日本酒を飲み、舌を鍛え、感性を養ってきました。

二世古酒造の酒は軟水を使用しているため軽い飲み口に仕上がることや、羊蹄山麓ニセコ山系特有の豪雪による豊富な雪解け水や空気の良さなど製造する環境の良さが特徴です。「衛生管理さえできていれば酒は腐ることはありませんが、温度管理は重要で、一度一度の勝負です」と話す水口さんの顔はまさに職人の顔です。

水口さんが社長に就任したのは湊さんが亡くなった2005年。社長就任後も酒造りを続け、7、8年前までは酒を造っていましたが、現在はその仕事を息子の渉さんに任せています。渉さんに仕事を任せていることを「不安です」と言いますが、それでも信頼し、なるべく口は出さないようにしています。

しかし、水口さんは話します。「〝忍〟と〝断〟という言葉は私の好きな言葉です。耐えるところは耐え、決断するときは決断する。自分もそうやって危機を乗り越えてきました。息子にもこのことを伝えたいですね」。

現在は特約店との契約を中心に酒を販売している二世古酒造ですが、「小さな蔵だからこそ、特約店の求めに応じて小さく酒造りができます」と言います。最近ではベトナムや台湾の観光客からもおいしいと好評で、外国からも取り引きをしたいという声がかかるほどです。また、蔵でも酒の販売をしており、地元だけでなく札幌や旭川からも多くの客が訪れます。水口さんは「わざわざここまで買いに来てくれる人たちは家族のような存在です」と笑います。

そして、米を作る農家への配慮も欠かしません。二世古酒造の酒はほとんど道産米を使用していますが、水口さんはそうした生産者への思いも強く持っています。「1

俵当たりの米価を５００円でも６００円でも上げられるようにしたいです。農家の人の利益が上がらないと駄目です」と話す口調には熱がこもります。

水口さんは「酒造りで大切なのは最後に瓶詰めをする作業です。無菌状態で瓶詰めするための設備投資を考えなければなりません。また、特約店からの注文を受けて多くの製品を作っているため、在庫を置いておくための倉庫作りもして品質管理を徹底していかなければなりませんね」とこれからの事業を展望します。まだまだ第一線での奮闘が続きます。

同友会には06年に入会。多忙のため活動にはあまり参加できていません。それでも、「中小企業家しんぶんを読んでいるとみんないろいろな活動をしていてすごいなと感じます。同友会という組織はもっと大きくなると思います」と期待を込めています。

（2015年9月号掲載）

吉田　勲

センウロコ吉田水産株式会社　代表取締役

よしだ・いさお　1941（昭和16年）12月6日生まれ。函館出身。65年に父・健太郎氏が経営する加工場を引き継ぎ、83年に吉田水産を設立し代表取締役に就任

センウロコ吉田水産株式会社（くしろ支部）

〒087-0025 根室市西浜町7-10
TEL（0153）23-4841
業務内容　水産物加工品の製造販売
設　　立　1983年設立
資 本 金　1,000万円
従業員数　12名

こだわりの商品開発

文化と風土ヒントに奮闘

「商品開発はひらめきよりもその原料が教えてくれます。これまでの商品も、その魚の味や根室の風土、文化がヒントになって開発しました。対話する感覚にも近く、いかにそのものと真剣に向き合うかで、どう加工したらいいかわかります」

センウロコ吉田水産株式会社　吉田 勲

吉田さんは男7人、女3人の10人兄弟の4男として函館で生まれました。親代々の漁師で、函館近郊で採れたイカやイワシを加工し、干するめなどを生産していました。その背中を見て育ったため、幼い頃から加工されていく過程に興味津々だったそうです。その後、原料となるイカが採れる海域を目指し、東へ東へと道内を移動し、1957年12月、15歳の時に根室に行き着きました。

加工することが大好きだった吉田さんは自然と吉田水産の前身となる、吉田さんの父・健太郎さんが経営していた加工場で働くようになります。当時の根室ではイカを加工するノウハウは無く、健太郎さんの加工場が初めてで、指導していくうちにイカの加工場はあっという間に増えていったそうです。

経営に携わるようになったのは24歳のときで、父から加工場を引き継ぎました。吉田さんは「(親が)いっぱい借金を残していったもんだから、でっかい重荷を背負ってスタートした気分でした」と当時を振り返ります。

当時、根室ではイカの漁獲量が減少していて、吉田さん自身もオホーツク側から買い付けたり、捕れた魚を札幌に売りに行ったりして苦しい時代を乗り切ろうとしていたそうです。そうした中で、吉田さんが目を付けたのは地元の漁師たちが食べていたコマイでした。もともと根室周辺でよく採れていて、天日干しなどにして食されていました。また、吉田水産の向かいにあった工場で熱風乾燥機を使用し干しコマイを生産していたことから、吉田さんはこの熱風乾燥機の導入に動き出します。

しかし、試練が待ち受けていました。決して経営状態のよくない吉田水産への融資を銀行の担当者が断ったのです。それでも吉田さんは熱意を持って諦めることはしませんでした。銀行の支店長に直接出向き熱心に融資を訴えたところ、その熱意を買われ融資を受けることができました。「若さと勢いがあっただけでしたよ」と吉田さんは笑いますが、その目には熱がこもります。

そして、熱風乾燥機を導入し加工を始めた干しコマイは飛ぶように売れ、全国に出荷していきました。そして83年に吉田水産を設立します。しかし吉田さんは油断しませんでした。「資源は無限じゃありません。コマイ一本だけではいずれだめになってしまうと思っていました」とさまざまな商品開発を続けました。

失敗を続けていく中で、89年に干しコマイに次ぐ柱となる商品の一夜干しコマイとホヤの塩辛を開発します。両商品とも開発のきっかけは根室の文化、風土でした。一夜干しコマイは地元の漁師が自分たちで食べる分だけ作っていたのをヒントに、ホヤの塩辛は根室近郊でホヤがよく採れる環境だったためです。

吉田さんは商品開発について、「何でも手間暇をかけて良い商品を作るためにこだわること。それを維持するために値段を変えることはありません」と話します。それは価格競争が起きても、原材料の漁獲量が減り浜値が上がっても変えることはありませんでした。「こだわっていい商品を作ってきたからこそ信頼してもらい、今も取引が続けられているんだと思います」と胸を張ります。

いいものを作りたいという気持ちとものづくりに対する情熱で、吉田さんはさまざまな危機を乗り越えてきました。14年12月の高潮では吉田水産は加工機械から冷凍庫まで海水に漬かり稼働が困難となりました。仕事を辞めるべきという暗示なのかもしれないよと奥様に言われもしましたが、「私から仕事を取ったら何が残るだろうか、死ぬまでやろうと思いました」と、完全復旧までこぎ着けました。

吉田さんの商品開発の情熱が失われることはまだまだありません。今は金海参（きんこ）と呼ばれるナマコに似た海産物の加工と製品化を目指して日々、奮闘中です。

同友会には84年、先輩に誘われて入会。根室支部長も務めました。「異業種の人たちとお話をするのは興味深く、素晴らしい方たちばかりでした。この日があるのも同友会に加入したからこそだと思っています」と自らの成長に大きな役割を果たしたと振り返ります。

（2015年10月号掲載）

センウロコ吉田水産株式会社　吉田 勲

熊木　利夫

有限会社熊木商店　代表取締役

くまき・としお　1940年8月22日生まれ。羽幌町出身。72年にガス会社を設立。77年に熊木商店を開業し、91年にセブンイレブンに転換。2010年からはアパート経営も開始した

有限会社熊木商店　（道北あさひかわ支部）

〒077-0014 留萌市南町4-57
TEL（0164）42-4431
業務内容　セブンイレブン経営
設　　立　1977年設立
資 本 金　300万円
従業員数　18名

転んでも起き上がる　留萌一のアパートへ勝負

「お客さんの要望にどこまで応えられるかが勝負だと思います。『熊木さんにはどこまで甘えて良いのか分からなくなる』と言われることもありますが、どんどん甘えてくださいと言っています。お客さんが良いと思ってくれたら最終的に自分に返ってくるからです」

有限会社熊木商店　熊木 利夫

熊木さんは羽幌町築別の農家に8人兄弟の6男として生まれました。小中と学校帰りにパンを買って食べる友達の姿がうらやましかったと言います。そこで中学2年生のとき、「自分で商店を開けばパンが食べたい放題になる」と将来の夢を商店経営に決めました。

親戚が釧路市で商店を営んでいたため中学卒業後、修業を始めます。「親戚はとても良い人で『10年頑張ったらのれん分けする。昼食には好きなだけパンを食べていいよ』と言ってくれ、すぐに夢の一部が実現しました」

しかし、釧路の冬は厳しく、体質も合わなかったのか初めての冬に耳と足が凍傷にかかります。翌年も同じ症状になり釧路での修行を諦め、やむなく叔母が懇意にしていた留萌市内の福田商店で1958年から住み込み修業に再挑戦します。当時は漁業が隆盛で景気が良く、人の出入りも活発でした。そこで引っ越しのトラックを見つけては自転車で追いかけて引っ越し場所を確認。「酒とお米は福田商店にお願いします」と張り紙して回る営業活動にいそしみます。

努力のかいがあって顧客は順調に増えていきます。あるとき上得意のお客さんから「道路事業に引っかかって家を手放すことになった。家は熊木さんに無料で譲るから土地は社長に買ってもらいなさい」と勧められ、福田耕治社長も快く了承してくれました。現在、セブイレブン南町店のある留萌市南町4丁目に住居を得ます。

その後、住宅でのガス使用が増加し始めたとき福田商店でもガスを扱えないかと考え、72年にガス取り扱い免許を取得します。しかし福田社長からは反対されます。そこで独立を考えガス取り扱い免許を持っている人と共同でガス会社を設立します。

経営が軌道に乗ってきた矢先、第1次オイルショックに見舞われガスが入手困難になります。このときは得意客に救われますが77年に再びオイルショック。朝から晩まで注文の電話がかかり家に帰っても電話が鳴り止みません。「二度とあんなことは起こらないと甘く考えお客さんが紹介してくれた卸問屋と取引をやめていました。注文に応えたくても売るものがありません。2週間で髪の毛が真っ白になりました」と振り返ります。

疲労困憊(こんぱい)して福田社長に「元の酒屋に戻りたい」と相談に行くと、「本当に心配していた。店を開け」と後押ししてくれました。南町に熊木商店を開業し91年に業態をセブンイレブンに変更します。

経営は順調に推移し花園町にも2号店を出し南町店は２００6年に1階を店舗、2階を福祉施設という形態に改築しようと計画します。しかし、いよいよ着工というときに待ったがかかります。セブイレブン運営本部は、高規格道路の開通が12年に控えており様子を見た方が良いと熊木さんを説得しました。

「このときは本当に失敗しました。高規格の開通は19年にずれ込み、南町周辺は郊外型店舗の集積と宅地化が進み交通量が減っても影響は軽微という見通しに変わりました」。ところが、南町店の売り上げ減に備え10年から始めたアパート経営が思わぬ方向に展開していきます。

「はじめは店舗の売り上げを従業員、家族はアパートの家賃収入でという思いでした。ところが住人の要望に応え内装や設備を修繕したり除排雪を自前でやっていると入居率が高くなり、銀行や不動産屋からどんどん物件があっせんされるようになりました」。5年足らずで系列会社を含め札幌、留萌に157戸を所有する規模に膨らみました。

「人生どう転ぶか全く想像できません。いまは借入金を減らすため守りの経営に徹していますが、高規格道路の開通後、もう一度勝負してみたいと考えています。裸一貫からこれまでやってきた自分がどこまでやれるか試してみたいのです。快適で住みやすい留萌で一番のアパートを作るのが私の最後の夢です」。

同友会には87年に入会。各地で開かれる講演会に足しげく通いました。「仕事一辺倒だと視野が狭くなり世間知らずになってしまいます。講演を聞くことで刺激を受け自らを見つめ直す良い機会になりました」と感謝しています。

（2015年11月号掲載）

株式会社パイオニアジャパン　会長

やまみち・かつのり　1942(昭和17)年1月2日生まれ。樺太出身。90年にパイオニアジャパンを設立。生産、加工、販売を一貫して行う6次化産業に取り組む

株式会社パイオニアジャパン　（札幌支部）

〒003-0873 札幌市白石区米里3-3-5-27
TEL(011)879-8102
業務内容　惣菜製造・販売
設　　立　1990年設立
資 本 金　3,500万円
従業員数　160名

差別化と価値創造を　6次化ビジネスに挑戦

「現状維持では事業は必ず衰退してしまいます。危機感を持ちながら、常にイノベーションを行う企業でありたいと思っています。〝一生勉強、一生青春〟が座右の銘です」

株式会社パイオニアジャパン　山道 勝則

山道さんは終戦の3年前に樺太で生まれます。2歳のときに母や兄弟、親戚の子どもたちとともに北海道へ引き揚げてきました。函館や岩内、札幌などを転々としていましたが、年長の子どもが歌志内の炭鉱で働くことになり、山道さんも3歳のときに家族とともに歌志内に移住します。

岩見沢東高校を卒業と同時に担任の勧めでプリマハムを受験しました。「日当と弁当が出るし、試験で札幌へ行ける。それだけのことで試験を受けました」と振り返りますが、60―70人の受験者がいる中で受かったのは二人だけ。そのうちの一人が山道さんでした。

身長187センチと背が高く、着られる作業着がないという理由で営業職ではなく、経理に回されました。配属先は十勝管内の清水町です。そこで原価計算や経営、工場運営など、食品加工会社の基礎を学びました。ときには工場に泊まり込んだりもしました。山道さんは、工場の近くにある清水高校のバスケットボール部で学生を指導したり、町内で開催されていたダンスパーティーにも参加するなど、「清水町での思い出は〝青春〟の一言に尽きますね」と目を細めます。

その後、秋田県の工場へ異動します。〝外向き〟と上司から言われ、それまでの経理の仕事から営業に配属され、20代半ばの若さで業務課長を務めます。しかし、部下は自分よりも年上ばかり。周りから早く信頼されたいと、1カ月のうち20日間は担当する東北の各県を回り、地域の状況把握に奔走しました。

秋田工場を最後にプリマハムを退社し、その後、転職した食肉問屋でアメリカへ出張する機会があった山道さん。現地のスーパーで出会ったのが、ミートデリカ（肉を使った惣菜）でした。今では惣菜という言葉も存在も一般的ですが、その当時は惣菜（デリカテッセン）という単語は知られていませんでした。

25歳で結婚し、食べ盛りの4人の子どもを育てる中、〝食べるため〟に働き、ずっとサラリーマンを続けると思っていましたが、当時の社長と意見が合わず、47歳のときに独立を決意します。これまで食肉加工の仕事をしてきましたが、「同じことをしたら負ける」と思い、アメリカで見たミートデリカのことを思い出します。他の企業で誰もやったことがないことをやろうと思い立ち、デリカテッセンを北海道で初めて製造・販売しました。最初に作ったのはアメリカで見たフライドチキンでした。道内のスーパーに紹介すると初めて見る珍しい商品だと注目され、すぐに陳列コーナーを設置してもらいました。売れ行きも好評で1年も経たずに労働金庫から借りた700万円を返すことができました。この出来事が山道さんのターニングポイントとなり、他社との差別化と価値創造の大切さを強烈に実感した瞬間でした。

山道さんは、惣菜の卸・小売りを行うパイオニアジャパン、肉製品を製造するコスモジャパン、カット野菜工場のまんゆうと、次々に会社をつくっていきます。野菜も安全・安心なものを自分たちでつくりたいと思い10年前に「農業生産法人やま道の里」を設立。今では年中収穫が可能な水耕栽培に取り組んでいます。また、小売店「けっぱる屋」をアンテナショップとして出店し、生産から販売までを行う6次化ビジネスモデルの基本ができました。「今後は、〝北海道をもっと美味しく〟という企業ドメインで、北海道の農産物を加工、価値創造し、北海道の農業を活性化させたいです」と話します。

さらに昨年は、パイオニアジャパンの〝第2の創業〟として、農産物の生産基地である後志管内の真狩村で6次化ファンドを地域と立ち上げました。村内に加工場を建設し、地方創生や農業者の生活基盤の充実を図ることに取り組んでいます。「常に時流を読みイノベーションを続けたい」と話す山道さんには意欲があふれていました。

同友会には97年に入会。勉強したいという強い思いで入会しました。今では講師として自身の経験を紹介することも多い山道さん。それでもまだまだ経営者として学んでいきたいとさまざまな講習会に出席し勉強しています。

（2016年1月号掲載）

株式会社上ヶ島自動車　会長

上ヶ島　正男

かみがしま・まさお　1942(昭和17年)1月1日、中標津町生まれ。80年に自動車整備工場の上ヶ島自動車を設立。84年に株式会社化し、2013年から会長。

株式会社上ヶ島自動車　(オホーツク支部)

〒090-0008 北見市大正138-22
TEL(0157)36-7000
業務内容　車検整備、新車・中古車販売
設　　立　1980年設立
資 本 金　5,000万円
従業員数　25名

信頼築いて共存共栄

同友会の絆から工場再建

「お客様、会社、社員というのは結局ぐるぐる回っています。儲かればいいという業者も多いですが、一つの流れの中で商売をさせてもらっているし、お客さんが安心して買えないようでは駄目。みんなで共存共栄するという理念を掲げているのはそのためです」

株式会社上ヶ島自動車　上ヶ島 正男

上ヶ島さんは地元の自動車整備工場で整備工の仕事を身につけ、19歳のときに旭川トヨタ北見支店に入社します。その後、一時整備の仕事から身を引きますが、自動車関係の仕事がしたいという思いから布団販売、コンクリートミキサー車のドライバーの職を渡り歩きます。

再び整備の仕事に戻ってくるのは１９８０年、一念発起して旧留辺蘂町に整備工場を持った時でした。「大志や目標があるわけではありませんでした。妻と子どもの生活のため立ち上げたというのが実のところです」。両親に借金をしての創業でしたが「3年で返すという約束を果たすため絶対に赤字を出さないという心構えができ、安定した経営と銀行との信頼を築けました」と苦しい時代を振り返ります。

82年には北見市大正の現本社敷地に移転。そこで事業の拡大を迫られます。「新しく借りた工場も土地も大きく、整備の受注を増やさなければなりませんでした。整備のお客さんを増やそうと中古車販売を始めたのは85年。営業経験はなかったので、ゼロからのスタートです」。新たな業種で新たな顧客を獲得するために知恵を絞らなければなりませんでした。

当時は正規ディーラーも店頭販売車に値段を表示しておらず、一般の顧客に正確な情報が与えられない時代。上ヶ島さんはそこに目をつけ、北見では初めて車に価格を付けた店頭ディスプレイをしました。さらにガリ版で新規入荷を載せたチラシを作り家族総出で市内の団地に投げ入れる、創刊したばかりのフリーペーパーに広告を掲載するといったPR作戦を他社に先駆けて展開したことで、お客さんが次々にやってきたと言います。

他業者との差別化は、仕入れにも及びます。「オークションが開かれる地域によって値段が違うし、車種ごとの相場も知らなかったので、大手メーカーの人気車は落札できません。そこで当時は〝下手物〟と呼ばれ敬遠されていたメーカーの車に狙いを絞りました。人気はなくても丈夫で、長持ちする品質の高さは中を見て知っていましたからね」。仕入れコストと販売価格を下げるだけでなく、整備士の目線で実用性をアピールしたことも効を奏し、安くて優良な販売業者と顧客の信頼を勝ち得ました。

中古販売を始めると同時に、全国の動向に気を配ろうと中古車販売チェーンの

ＴＡＸグループに加盟し、「経営者として知恵を学びたい」と顧客に紹介を受けて87年同友会に入会。順調に事業を拡大していた矢先の89年、工場が漏電で全焼するという悲劇に見舞われます。顧客への弁済は蓄えで賄うことができましたが、工場再建にはもっとお金が必要でした。

時折しもバブル時代、地元の金融機関は「上さんがんばってるけど、不動産がないんじゃな」と融資に渋い顔。上ヶ島さんに手を差し伸べたのは同友会のメンバーでした。「理解のある北洋銀行なら貸してくれるかもしれない」と取り次いでもらったところ、中古車在庫を資産と認められ、新工場の建設と土地の購入費の融資を受けることができました。「同友会の縁がなければ会社は終わりでした」と明かします。

幾多の苦難を乗り越え、今では北見でトップクラスの整備、販売業者になった上ヶ島自動車ですが、業績を伸ばすことにこだわっていないのだそうです。「最近は車以外の分かりづらいオプションやローン金利で稼ぐといった業者もいます。〝中古車は信用できない〟と思われれば、業界全体が陥没しかねません」そう危惧して、ローン金利や車庫証明まで含めた実際の見積もり金額を広告に掲載するなど「信用のために襟を正そう」と誓っています。

会長となった今も社員目線での人づくりに心を砕きます。「経営者がどれだけ立派な方針を打ち出して従えと言っても、自分自身ができないようではいけません。〝社員はパートナー〟という同友会精神を実践することが目標です」と述懐します。そうはいってもやはり人と人の問題。「指示がなければ元に戻ったり、独り立ちできたと思ったら辞めてしまったり、まるで積み木崩しのよう。永遠のテーマですね」と笑う上ヶ島さん。第一線での取っ組み合いはまだまだ続きそうです。（2016年2月号掲載）

グリーンテックス株式会社　代表取締役

佐藤　一彦

さとう・かずひこ　1944(昭和19)年2月18日、旭川市生まれ。前身は佐藤三郎商店で、89年にグリーンテックスに社名変更。

グリーンテックス株式会社　(道北あさひかわ支部)

〒071-8112 旭川市東鷹栖東2-2
TEL(0166)57-2419
業務内容　植生緑化工事、土壌診断・土壌改良など
設　　立　1974年設立
資 本 金　1,700万円
従業員数　40名

諦めかけた心に喝を　自然の摂理から学ぶべし

「人の生き方もいかなる技術も自然の摂理に学ぶべし——の企業理念で、これからも地域を元気にしていきたいです」

グリーンテックス株式会社　佐藤 一彦

佐藤さんの父・三郎さんは旭川市内中心部で菓子製造や新聞販売店を営んでいましたが、佐藤さんが高校2年生のとき、廃品回収業に事業転換しました。家業の経営が厳しい中、三郎さんを説得し、明治大学文学部に進学。しかし、大学4年の1964年5月30日、母から「父が倒れた」という電報を受けます。下宿を引き払い、すぐに帰郷。必要な単位は全て取得していたため、卒業は論文提出だけで認められました。

事業を引き継いだ間際の年商は360万円。とにかくがむしゃらに働き、年商を倍々に伸ばしていきました。「廃品回収業は体で稼ぐ仕事」と寝る間も惜しんで働いたといいます。

84年の第2次オイルショックで鉄くず相場が暴落し、大赤字に直面します。顔見知りだった留萌信金旭川支店長に「倒産するかもしれない」と漏らしたところ、「経営者が簡単に倒産を口にするんじゃない」と一喝。私生活を乱したり事業意欲を失ってはいけないと忠告を受けました。

その後、なけなしの資金を集めて米国の産業視察に参加。カリフォルニア大を訪ねた時、「21世紀のアメリカには素材産業は必要ない」と言われ、スクラップ業との決別を覚悟しました。帰国後は次の事業化のヒント欲しさに、「経済」と名の付く講演会をむさぼるように参加して回りました。そんな活動を1年半続けたといいます。

資金繰りは厳しくなる一方でした。寝床に入っても、汗びっしょりになって寝付くことができません。ある日、気がつくとパチンコ店に入って台の前に座っていました。その時、留萌信金支店長の忠告を思い出したといいます。

事業意欲を失ってはいけないと、旭川ワシントンホテルで缶詰になり、朝から晩まで日本経済新聞を読みあさりました。お菓子の箱を5つ用意し、環境や水、空気などキーワードの入った記事スクラップを分野別に仕分けしました。「そうして一番高く積み上がったキーワードが、これからの時代に来る産業」と考え、緑化事業にたどり着きました。

89年、前身の株式会社佐藤三郎商店をグリーンテックス株式会社に社名変更し、緑化事業部を立ち上げます。造園工事業の経験者を緑化部長に登用しますが、業績は上がらず、赤字が続くばかりでした。

5年後、初めて下請け仕事ができるようになり、発注機関の配合通りに忠実に種子を吹き付けました。しかし、法面に草は生えてきません。工事代金は渡されたもののもう来なくていい」と、忘れることのできない経験をしました。

「なぜ生えてこないのか、分からないのが悔しかった」。それから3年間、現場だった美深町を通うものの答えは分からず、第三者機関へ土壌分析を依頼します。直面したのは分析結果に羅列された、分からない検査項目の文言でした。

検査項目の意味を一つずつ全て調べていくうちに、段々と土壌の知識を深めていきました。「この時から、土に命を与えるオーガニックの発想に目覚めました」と佐藤さん。土壌菌粉体〝土アップ〟の商品化につながります。

その後、びふか温泉近くの築山4㌶の緑化工事を請け負いました。元請けは、当時「もう来なくていい」と叱責した企業。グリーンテックスにとって、汚名返上の一大事業となりました。

グリーンテックス株式会社　佐藤 一彦

「振り向いたら、緑が追い掛けてきた。それくらい綺麗な種子吹き付け工事を手掛けられた」。公共事業に陰りが見え始めた頃、多角化を模索します。「旭川の景気を良くするには、住んでいる人間を元気にしなければ」と本物の食品作りを目指し、2007年に〝彦一にんにく〟の有機栽培を始めます。翌年、彦一にんにくは安心・安全な食品として農林水産省から有機JASに認定されます。いまでは道内のほか、東京の高級スーパーでも扱われ、本物志向の消費者から高い支持を受けています。嵐山のパークゴルフ場で指定管理者になったり、食品加工会社・ヤマザキの野菜くずを堆肥化するなど、佐藤さんの事業意欲はまだまだ衰えません。

40歳で同友会入会。翌年支部幹事となり、初めて出席した幹事会でどんな意見にも耳を傾け、その良さを引き出そうとする姿勢に驚きます。副支部長などを歴任。「今でも同友会精神は持っているつもりです」。

（2016年3月号掲載）

株式会社ほりぞんとあーと　代表取締役

大野　頌

おおの・しょう　1942(昭和17)年11月7日生まれ、73歳。函館市出身。ほりぞんとあーと専務を経て、2004(平成16)に代表取締役。

株式会社ほりぞんとあーと　(札幌支部)

〒063-0830　札幌市西区発寒10-14-1067-18
TEL(011)662-0071
業務内容　舞台・テレビ照明のデザイン・操作、プランニングなど
設　　立　1956年設立
資 本 金　1,600万円
従業員数　24名

演劇に情熱注ぎ込む

客の笑顔が裏方を支える

「持てる限りの力を発揮して、作品の効果を上げていくこと。そうすることでお客さんからの〝ありがとう〟が聞けます。お客さんの笑顔を見ることがこの仕事の醍醐味です」

株式会社ほりぞんとあーと　大野 頌

大野さんは函館で生まれ、その後、下川町へ移住。小学校2年生のときに札幌へ移り住みます。高校は札幌北高校に進学し、演劇部に所属しました。実は中学時代から演劇に興味はあったものの演劇部がなく、かわりに放送部に入部していました。念願の演劇部では照明などの裏方だけでなく、2年生のときには高文連の地区大会で役者として札幌市民会館の舞台に立ったこともあります。

演劇への情熱は北海道大学へ進学した後もどんどん膨らみ、演劇研究会に入会。

「教室にいるより部室にいるほうが長かった」と振り返ります。

この演劇研究会への入会が大野さんの人生を決定付けるものになりました。研究会が札幌市内のアマチュア劇団と合同公演を行うことになり、大野さんは照明を担当しました。この公演で知り合ったのが、ほりぞんとあーとの先代の社長・武内昭二さんでした。「時間のあるときにアルバイトに来ないか」と誘われ、武内さんを手伝うようになり、舞台の裏方の仕事にのめり込んでいきます。

ついに、大学で授業を受けるよりもアルバイトに没頭する時間が長くなり、両親を説得して大学を休学。結果的には退学することになりましたが、この機会に本格的に裏方の修行を始めることになりました。

当時大野さんが勤めていた会社（現在のほりぞんとあーと）は、会社ではなく、「ほりぞんとぐるうぷ」という同人組織で、武内さんが〝一人親方〟の組織でした。大野さんは1966年にほりぞんとぐるうぷの正社員第一号になります。

72年の札幌五輪終了後、武内さんが組織を会社にすることを決め、そのときに社名も現在の「ほりぞんとあーと」に変更しました。「会社になって一番嬉しかったことは社会保険が適用されたこと」と話す大野さん。しかし、当時こうした職種は珍しく、社会保険事務所から1年間営業を続けることができたら申請を受け付けると言われ、ようやく1年後に申請を受け付けてもらえたそうです。

それから時が経ち、83年には取締役、94年には専務に就任。98年に武内さんがくも膜下出血で倒れた6年後に社長に就任しました。

ほりぞんとあーとでは、舞台やテレビ局の局外中継番組の照明などのほか、札幌市内のホールの管理など幅広い分野の業務を行っています。大野さん自身もこれまで演劇や舞踊、オペラなどさまざまな舞台のプランニングなどを手掛けてきましたが、仕事の醍醐味は何と言っても「お客さんの笑顔を見ること」と話します。大野さんにとって「客」は3種類。1つは依頼をしてくるクライアント、2つは出演者、3つは舞台を見に来る人です。お客さんたちの笑顔や「ありがとう」の声を聞くことが嬉しく、それがやりがいにもつながっているといいます。

しかし、業界を取り巻く状況は時代の流れとともに大きく変わってきました。テレビもアナログからデジタルに変わり、照明の世界だけを見てもムービングライト全盛の時代になってきています。舞台設備や音響設備もコンピューターで操作する仕組みになり、いろいろな機材が使用できることになったことでデザインの幅も広がりました。こうした流れは、客の目が肥えることにもつながり、時には依頼主から注文を付けられることもあります。

ただ、どんなに技術が進歩しても機械を操作するのは「人」であることに変わりないと話す大野さん。バブル崩壊後、景気が悪くなり売り上げも減ってきましたが、「これからも今の客を減らさず、新規の客を獲得していきたい」と意気込みます。

ほりぞんとあーとはことし創立60周年の節目の年。「ここまできたからには100年企業を目指したい」と意欲に燃えています。

同友会にはもともと武内さんが入会していたものに、興味のあるテーマの会合があるときに参加していました。大野さんが入会したのは社長に就任した04年。札幌支部中央北地区会会長や支部幹事なども歴任します。04年に経営指針研究会に入り、経営者としての覚悟を教わったといいます。それまでは〝経営〟という概念もなく、全てどんぶり勘定。「その感覚に喝を入れてもらい、〝経営者〟になることができた。同友会に入っていなかったら、うちの会社はなかったかもしれない」と話します。

株式会社ほりぞんとあーと　大野 頌

（2016年4月号掲載）

大東開発株式会社　代表取締役

三浦　實

みうら・みのる　1941（昭和16）年2月23日生まれ。樺太出身。72年に大東開発を創業。

大東開発株式会社（苫小牧支部）

〒053-0021　苫小牧市若草町2-1-6
TEL（0144）32-9523
業務内容　不動産売買、仲介斡旋、賃貸管理。同社グループとして贈り物専門店ダイトー、和牛レストランログハウスびびを展開
設　　立　1972年設立
資 本 金　4,800万円
従業員数　60名

「お客様主体」を貫徹

料理人時代の教え、礎に

「困難なことがあっても困難とは思わず、前進してきました。生まれながらに人や運にも恵まれたと感謝しています」

大東開発株式会社　三浦 實

樺太で暮らしていた三浦さん一家は終戦後、父親の出身である秋田に移り住みます。身を寄せたのは農家。6歳だった少年には「銀シャリの格別の味」が鮮明に記憶されました。

食べることもままならない時代。「食べ物商売は食いっぱぐれがない。菓子職人になって店を持て」という父親の教えを守り、中学を出ると秋田の和菓子屋に弟子入りしました。指導は厳しいものでしたが、粘り強い頑張りで職人の道を歩み始めます。

3年ほど勤めた後、家族が北海道へ移住。後を追って名寄、定山渓、札幌と店を移りながら腕を磨き続けました。20歳を過ぎ「独立したい」という気持ちは強くなるものの、月給1万5000円に対し、ミキサーが30万円、釜は100万円。「お菓子屋は設備に多額のお金が掛かり難しい。しかし、ラーメンなら屋台を引いてでも独立できる」と考え、修行を兼ねて小樽の中華料理店に就職します。1年ほどして〝よいとまけ〟でおなじみの三星(苫小牧)のレストラン部門に移り、その後の生き方に大きな影響を与える人物に出会います。

当時、三星の社長を務めていたのは、よいとまけを考案した故・小林正俊氏。正俊氏は豊富なアイデアと優れた人格の持ち主で「商人の心構え、人生の考え方を教わった」と振り返ります。「お客様は神様。店はお客様のためにある」「他人の喜びを我が喜びとせよ」など多くの教えを受け、経営者としての礎となっています。

大東開発株式会社　三浦 實

料理人として三星には通算8年間勤務。この間、中心部に空き店舗が出て独立を試みますが、高額な家賃が壁となって断念せざるを得ませんでした。起業の夢を失いかけた時、市内東部の開発に向け、土地取引が活発化していることを耳にします。「不動産であれば自分にもできるのでは」と決心し、仕事と勉学を両立させ、宅地建物取引主任者の資格を取得。72年1月、大東開発を設立しました。列島改造論に沸き、順風満帆な船出。「土地を買えば大きな利益が出るの繰り返しで、土地をどんどん仕入れました。大東開発所有地と書いた看板が増えていくのが誇らしかった」と言います。

しかし、創業から3年余り。オイルショックにより事態は急変します。「取引に急ブレーキがかかり、土地が売れなくなりました。借入金もあり、収束させるまで相当の時間がかかった」と述懐します。この一件から景気が会社経営に及ぼす影響を身を持って学び「一般のお客様主体の売買」に切り替えていきます。

やっとの思いでこの苦境を乗り切ると、バブル経済が到来します。土地の価格が上昇し、不動産業界は活況を呈しますが、三浦さんは堅実経営に徹します。以前の苦い経験を踏まえ「利益追求の商いの恐ろしさ」を知っていたからです。バブルに翻弄（ほんろう）され、数多くの企業が姿を消していった中、「この判断により今日を迎えられたと思っています」。

経営多角化や収益構造の強化にも余念がありません。１９７９年には贈答品を卸売価格で販売するギフトショップを開店。２００３年には和牛レストランも手掛け、グループの一角をなしています。本業の不動産では89年、収益の安定化を視野に自社のアパート、マンション建設をスタート。現在は約２８０棟、約２１００戸を所有し、入居率は90％を超えています。民間調査会社が実施する、苫小牧税務署管内の企業別利益ランキングで、常に10指に入っている同社。その経営哲学は「三星で学んだこと」だと断言します。

そのひとつに「信義を重んじること」があります。ある時、同社で中古住宅を買った人から雨漏りするので修理してほしいと依頼がありました。売買から既に3年ほどが経ち、不動産業界では所有者が修理することが当たり前とされる中「ローンを払いながら修理費を出すのは大変なこと。うちを信用して買ってくれたのだから」と社員に対応を指示したそうです。

「皆が30年、50年と安心して働き続けられる会社を作りたい」と話す三浦さん。三星への恩義から経営難に陥っていた同社の社長も務めていて「いつか創業家に戻すのが目標」と精力的な毎日を過ごしています。

同友会には取引先の社長から評判を聞き、09年に入会。「多くの人から体験談や考え方、意見を吸収したい」と話し、学びへの意欲は増すばかりです。（2016年5月号掲載）

斎藤　正

サイトー商事株式会社　取締役会長

さいとう・ただし　1942(昭和17)年12月生まれ、音更町出身。白樺学園帯広商業高卒業後、山崎石油に入社。84年に総合卸商社サイトー商事設立し、2016年に現職

サイトー商事株式会社　（とかち支部）

〒080-2469 帯広市西19南1-4-14
TEL(0155)36-1881
業務内容　総合卸商社
設　　立　1984年設立
資 本 金　1,000万円
従業員数　8名

時代読み堅実に歩む

会の絆で築いた人脈大切

「身の丈に合った、きめ細やかな商売を心掛けてきました。経営の神髄を気さくに教えてくれる人たちに出会えた同友会には、言葉で言い尽くせないほど感謝しています」——。冷暖房機器や住宅設備機器を卸販売するサイトー商事を創業して32年。斎藤さんの社業は同友会活動と二人三脚でした。

サイトー商事株式会社　斎藤 正

斎藤さんは1961年、帯広の山崎石油に入社します。創業者の山崎義平氏は全国石油業協同組合の会長として全国に名を知られた大人物。「伝え聞いた話では、いつもタクシーを愛用していたのですが、車内を汚さないため足元を動かさない。人格者でした」

64年の東京五輪を控えた高度経済成長期。好況の波は十勝にも。「とにかく忙しかったけれど、楽しかった。誕生会というのも毎月ありましたよ」と懐かしみます。社会人としての新人時代、〝適正な利益をいただき、しっかりとしたサービスをさせてもらう〟という商売の基本を上司や先輩たちから学びました。

76年、商事部門として山崎商事が設立され、担当することに。そこでプロパンガスや住設機器の卸販売を手掛けるようになったことが今につながります。

「衣・食・住に関わる商品を扱えば、末永く商売ができるのではないか」と考え、84年2月に独立してサイトー商事株式会社を設立。夫婦で８００万円を用意し、懇意先から２００万円を調達して、卸販売に必要な資本金を整えました。

当時、道内・管内の住宅は、量から質の時代へ。いわゆる防寒住宅が普及し始めました。帯広市の住宅着工は85年に１７８２戸。その後10年で6割増となるほど順調に推移します。集中暖房が広まる前の頃で、各居室用にＦＦ式ストーブが２０００台売れた年もあったそうです。

87年、設備工事部門の関連会社「ワトム」を設立。個人住宅、集合住宅の冷暖房機器や管工事を手掛け、長男の斎藤正司さんが社長を務めています。

当初、帯広市西17条北1丁目の借家に事務所を構えていましたが、92年に現在の帯広物資流通業務団地に移転。「当時の財務内容からすると思い切った決断でしたが、いずれ物流の一大拠点になると確信していました」

その読み通り、国道241号北バイパスや弥生新道が交わるように。広い十勝平野で東西南北へのアクセスが容易な立地になりました。

卸販売を手掛ける以上、「仕入れ先や販売店に迷惑はかけない」が信条。創業から30年を超え、過去には貸し倒れもありました。しかし誠実な仕事を続けてきた結果、この10年ほどは見舞われていません。

同友会には88年12月に入会。愛猫つながりで付き合いがあった会計事務所から「勉強してみては」と勧められたのがきっかけでした。「当時は46歳でしたが、長谷川晃三さん（長谷川産業）、澤本松市さん（北海運輸）、石原正光さん（東北海道ヤナセ）など、管内のトップ企業の経営者が、対等に話をしてくれる。歴代の支部長には、ずいぶんと相談を持ちかけました。皆さん、親身になってアドバイスしてくれました。謙虚な姿勢、経営理念への向き合い方など感心することばかり。同友会に入らなかったら今の会社はなかったかもしれません」と振り返ります。「その頃、支部会員は400人ぐらいでしたか。よい会社をつくり、よい経営者になり、よい経営環境をつくるという目的を、皆さんしっかり持って入会していました」

広報副委員長や広報委員長を務め、2000年から4年間、幹事長に就きます。総会や会合など道内、全国を奔走。活動が活発なとかち支部を総会の分科会で紹介することも。「全国どこの人とも、すっと話に入っていける。初対面でも3年、5年前から知っている感じ。志のある経営者にとっては居心地の良い組織であることを実感しました。真の人脈が築けました」

年を重ね、経営の第一線から退くと同友会活動から離れてしまう仲間も少なくありません。そこで、斎藤さんが世話人を買って出て、切っても切れない深いつながりを大切にしようと13年11月25日、「絆の会」が発足。60歳以上の役員経験者が年に数回集まり例会を開いています。「何十年も培ってきた本音で語れる大切な関係。これからもずっと大切にしていきたい」と顔をほころばせます。

この6月中旬には東南アジアへ旅行。成長著しいミャンマーなどを訪れました。「私が50代だったら必ず進出していたと思います」と斎藤さんは笑います。

（2016年7月号掲載）

浜中町農業協同組合　代表理事組合長

石橋　榮紀

いしばし・しげのり　1940(昭和15)年4月15日生まれ。根室市出身。90年に代表理事組合長に就任。

浜中町農業協同組合　(JA浜中町)(くしろ支部)

〒088-1363 厚岸郡浜中町茶内栄61
TEL(0153)65-2121

業務内容　子会社・子法人に有限会社コープはまなか、株式会社酪農王国、有限会社浜中町就農者研修牧場がある
設　　立　1948年設立
従業員数　79名

〝思い〟実現へ一心に

酪農家と地域の未来考え

「農協として地域の生き残りをかけて数々の挑戦をしてきました。今でも〝思いが現実をつくる〟という言葉が常に心の中にあり、自分を突き動かしています」

浜中町農業協同組合　石橋 榮紀

石橋さんは根室市で生まれ、祖父が浜中町に牧場用地を購入したことから、2歳のときに浜中町に移住。小学4年生から釧路湖陵高校に進学するまで、家業の酪農の手伝いで毎日搾乳しました。

高校卒業後は千葉工大に進学。帯広畜産大にも合格したものの、日本が高度経済成長期に差し掛かったときで「工業系の会社に就職したいと思っていました」。ところが大学4年生の時に父親が病に倒れ、最初の転機が訪れます。家業を継ぐ予定だった弟はまだ中学3年生でした。

この時「長男だから、いざというときはうちのことを頼むよ」と言い残し、石橋さんが高校1年生のときに他界した母親の言葉が頭をよぎりました。大学卒業後の就職先は決まっていましたが、家業を継ぐため浜中町に戻りました。

戻った当時は10頭前後の牛を飼育。経験が少ないため、今の農業改良普及センターへ足繁く通い、地域の先輩にも相談に乗ってもらいながら、飼料、土、牛の病気などについて「人生で一番勉強しました」というほど熱意を持って取り組みました。

2年間は馬で畑を耕し牧草を刈っていましたが、3年目にトラクターを購入。当時で家族が1年間暮らせる110万円のお金を投じました。無我夢中で昼夜問わず働き、眠くなったらトラクターの下に敷物敷いて寝て、目が覚めたらまたトラクターに乗って仕事をし、1年間で返済が完了。「トラクターを運転できるのがとにかく嬉しかったので、楽しんで仕事をしてました」と振り返ります。

32歳のときに40頭用の牛舎を建て、同時期に浜中町農協の理事に。2度目の転機です。「とにかく酪農家の環境を良くしたい」という思いで活動しました。その後、先代組合長の指名で41歳のときに常勤の専務理事に就任。「牛舎を80頭用に増築したばかりで、余裕はなかったのですが、腹をくくって引き受けました」

専務理事になった81年に、酪農技術センターを設立し、牛乳のトレーサビリティーをいち早く確立。経験と勘に頼る酪農ではなく、土壌、飼料、牛の管理など数字に基づいてきちんと合理的で目に見える経営を進めることが必要だと思い実行に移しました。発想の原点はアメリカの生産履歴の仕組みと、大学で学んだ品質管理システムの酪農への応用にありました。

「おいしい牛乳は健康な土、草、牛から生まれる」との考えを徹底。品質管理の効果はすぐに現れ、82年に町に進出したタカナシ乳業北海道工場が83年に浜中町産生乳で「北海道4・0牛乳」を製造。さらに84年には浜中町産の牛乳がハーゲンダッツジャパンのアイスクリームの原料になるなど高い品質評価を確立しました。

生乳の減産計画と増産計画が繰り返される中、浜中町でも酪農を離れる組合員が出てきたため、83年から新規就農者の受け入れを開始。91年には浜中町就農者研修牧場を設立し、2004年に有限会社にしました。今では180戸のうち40戸が新規就農者で、地域の元気の源としていい影響を与えています。新規就農者はほとんど町外からの移住者で、子どもの数が平均で2・4人、多い人は6人もいます。1年365日休みがない両親を見て酪農をやりたくないと思っていた小中学生が、新規就農者の姿を見て、家業を継ごうと地元に残る人が増えました。今は後継者確保が7割を超えています。

また、09年には浜中町農協と地元を中心とした企業9社の共同出資による株式会社

浜中町農業協同組合　石橋 榮紀

酪農王国を設立。酪農牧場として生乳生産や販売をするだけでなく、異業種に酪農経営技術を伝え、将来の法人による農場設立を促進し、農業と地域社会の維持を目指しています。

そのほかメガソーラー建設、海外研修、酪農家のOBサロン開設などを推進。今後もバイオガスプラント設置の検討、労働時間短縮システム構築、利用効果を上げる草地集積の実現に努めるほか、地域密着の酪農文化の形成として乳製品のバザール開催など「組合員と地域のために精力的な活動を続ける考えです」と意気軒昂です。

同友会には05年に入会。13―15年度まで釧路支部長を務め、16年度から支部再編後のくしろ支部長に就任。「人に会うのは辞書の1ページを開くのと一緒」と同友会の先輩に教えられ、機会あることに勉強会に参加して刺激を受けています。

（2016年8月号掲載）

株式会社コマツダ　代表取締役

小松田　正

こまつだ・ただし　1941(昭和16)年3月30日生まれ。小樽市出身。77(昭和52)年に小松田商会を設立し、91(平成3)年に株式会社コマツダに社名変更した

株式会社コマツダ　(しりべし・小樽支部)

〒047-0015　小樽市住吉町12-15
TEL(0134)32-6123
業務内容　管工事、水道施設工事など
設　　立　1991年設立
資 本 金　1,200万円
従業員数　31名

ガス器具修理で信頼　くじけずに「為せば成る」

「〝為せば成る、為さねば成らぬ何事も〟が信念です。独立するときはきちんと土台を作らなければという気持ちを持っていたし、何より頼まれたら嫌と言えない性格なんで」という言葉からは、これまで多くの顧客に信頼されてきた人柄がにじみます。

株式会社コマツダ　小松田 正

小松田さんは、小樽市長橋に生まれ、まもなく赤井川村に引っ越しました。23歳のときに、〝物を運ぶ仕事ならできるかもしれない〟と余市町へ出て、ガス販売を行う日通商事に入社。3年ほどガスボンベを運ぶ仕事をしていました。日本通運の子会社である日通商事には、日本通運の役員が時折出向き、経営状態や今後の方針などを話すことがあり、小松田さんもそれを聞く機会がありました。「自分は無学だけど、役員からの話を聞き、〝学問〟を身につけたと思っています」と振り返ります。

その後、会社から営業職をやってみないかと持ちかけられ、そのまま営業マンに。しかし物を運ぶだけの仕事とは違い、「物を買ってもらうのは難しい」と常々感じていました。当時はプロパンガスが普及していく途上の時代。この仕事に魅力を感じていたものの、ガス器具が売れないとガスを売ることもできません。そこで考えたのが、「ただガス器具を売りっぱなしにしないで修理もすること」でした。

日通商事はパロマの特約店でしたが、パロマの社員が札幌にいて、その社員と知り合いガス器具の売り方を教えてもらいました。小松田さんはガス器具の営業をする中で気づいたことがあります。それは、「家庭のお金を握っているのは奥さん、ガスを使う(料理をする)のも奥さん」ということです。奥さんたちにそっぽを向かれては商売になりません。こうして、売った器具へのアフターケアや、ガス器具を使う奥さんたちの心を掴むようなイベントの企画などを積極的に行うことで、自分なりの営業スタイルを確立していきました。

10年ほど日通商事に務めましたが、転勤話が持ち上がったとき地元・小樽での独立を考えました。「頭を使う仕事と体を使う仕事がありますが、自分は学問がないので、体を使う仕事をしようと思いました」

これまでの経験を生かし、ガスにまつわる仕事です。「能力には限界がある。しかしフルパワーで動くなら、1人でやれることは何か」と考えたときに、ガスの配管やガス器具の修理をしようと考えたのです。しかし、独立を決意すると、「3年で潰れる」など野次を飛ばしてくる人もいました。小松田さんは「周囲からの批判もありましたが、〝自分の人生を変えなきゃ〟と決意しました」と話します。

これまでの縁もあり、パロマの担当者の推薦によりガス器具修理サービス認定店の指定を頂きました。〝困っている人を助けてあげたい〟この一心でひたすら修理に精を出しました。丁寧な仕事ぶりに、小樽以外の人からも声をかけられるようになっていきました。

ガス関係を扱っていた小松田さんですが、地下を走る水道管もまたガス管と言わば一体のものです。小松田さんは小樽で事業を続けていく以上、水道工事の資格を取ろうと思いました。ガスと水道の両方の仕事をやることで、初めて年間通して安定した仕事ができると考えたからです。

さらに、北海道ガスが天然ガスの取り扱いを行う時代に入ったこともあり、熱量変更やガス器具の熱量調整などが必要になりました。このため、小松田さんもこの仕事に関わろうと、出入りしていた北ガスにはパロマのサービス店という名刺を持参し、パロマサービス店という十数年の実績のもと、「北ガス指定工事店」になることもできました。

　しかし順調なだけではありません。人手不足はいつの時代も深刻で、ガス工事や水道工事をするための資格を取るには時間もお金もかかりますが、資格を取得した技術者を他社に引き抜かれるなど、辛い思いをしたこともあります。

　今では自社の事業承継も大きな課題となっています。しかし、「営業をやっていたから自分なりのやり方を見つけることができました。〝やろうと思えばやれる〟という意識でやってきて、家内や周囲には苦労をかけたと思うけど、人生に悔いなしです」と清々しい表情です。

　同友会には1986年に入会。あまり活動には参加できていませんが、講演会にはよく足を運んでいました。仕事で苦労した人などの話を聞き、多くを学んだと感謝しています。


（2016年9月号掲載）

株式会社コマツダ　小松田 正

央幸設備工業株式会社　代表取締役

尾北　紀靖

おきた・のりやす　1940年3月22日生まれ。美唄市出身。58年に立川工業に入社し、68年に独立。72年に央幸設備工業を立ち上げ、現在に至る

央幸設備工業株式会社　（札幌支部）

〒003-0811 札幌市白石区菊水上町1-4-1-21
TEL（011）837-4104
業務内容　空調、給排水衛生設備など
設　　立　1972年設立
資 本 金　7,000万円
従業員数　38名

社員の幸せ願い命名

〝働く〟ことこそ生きがい

「貧しくて大変だったからこそ今の自分があります。働いていても、寂しいとか悔しいとか思ったことはないし、楽しくて仕方なかった。仕事を任されていると思うと、生きがいを感じます」

央幸設備工業株式会社　尾北 紀靖

尾北さんは、農家の次男として美唄で生まれました。終戦後、大手鉱山会社に農地を収用され、尾北さん一家は農家を続けることができなくなりました。家が貧しく、13、14歳のころから、病院建設現場の配管工事の作業員としてアルバイトで稼ぎ、生活の足しにしました。「自分は勘がいいほうで、正社員以上の仕事を任されていました。会社や組織、人と人が関わるということ、何より〝働く〟ということを身に付けました」手に職をと考え、高校は美唄工業高校機械科の夜学に入学し、昼は北海道電力の発電所建設現場でアルバイトをして学費を稼ぎ、卒業後は札幌へ。東京本社の管設備工事会社の北海道支店に勤めます。入社2年目には、真駒内にあった米軍キャンプの配管という大きな仕事を任されていました。

その後、道東や道北の現場を拠点に工事責任者の仕事をしました。「尾北さんに来てほしい」と言われることも多く、やりがいを感じていたといいます。

25歳で課長となった尾北さんですが、1967年の終わりごろ、転機が訪れます。ちょうど釧路から札幌へ戻ってきたとき、関連会社が経営不振に陥っていました。尾北さんは自身の地方勤務の経験から、その会社の再建計画を作り、上司に提出しました。上司からは「そんなことができるのか」と言われましたが、尾北さんは結局、社員12人、負債総額約700万円のその会社の立て直しをすることになり、務めていた会社を退職。28歳のときでした。

経営を立て直したのが、央幸設備工業の前身の会社、エスケー工業です。尾北さんは社長には就かず、あくまで代表社員として企業の立て直しを図り、4年で負債を完済しました。再建後、社名を「央幸設備工業」に改名。社名には、〝社員を幸せにしたいから幸せを中央に〟〝央も幸も、ひっくり返しても同じ形。裏表のない会社を〟という思いを込めました。

央幸設備工業を立ち上げたときに社長になった尾北さんですが、目標に掲げたのが、特定建設業の許可を取得することです。周囲からは反対の声もありましたが、「私は5年、10年先の目標を持って計画を立てています。その当時は、利益率の低い下請けから、元請けになることが目標でした」。この目標を達成するため、会社創立40周年を迎えたとき、取引のあった大手元請け企業との契約を全て切り、売り上げは

65％も落ち込み、銀行も大慌てでした。「〝自分ならできる〟という思いがモチベーションです。人と同じことをやっていては、中堅や大手の企業には勝てません」

尾北さんは、元請け企業としてトータルで仕事ができることが必要と考え、管、土木、水道などさまざまな許可業者として、次第に大手企業からも一目置かれる会社になっていきました。「社員を守るという思いはずっとぶれていません。お客さんに愛され、社員を大事にするということしか考えてないし、社員のためにあるのが経営者だと思っています」

会社を支える柱を2本、3本と作りたいという思いから始めたのがバイオ事業です。免疫力を高めるキノコ「霊芝」（マンネンタケ）に着目し、研究機関と共同で工場栽培について研究し、特許も取得。バイオ事業部を立ち上げました。そして「生まれたまちを何とかしたい」と、2010年に「北海道霊芝」を設立、15年にはふるさと

央幸設備工業株式会社　尾北 紀靖

美唄の廃校になった小学校を買い取り、企業の拠点を移しました。

〝自然体〟で経営に取り組む尾北さんですが、「今後2年で事業を継承したいと思っています。80歳までには全ての役職を退き、あちこち飛び回って、誰かの相談を受け、爪の垢ほどでも人の役に立ちたいんです」と話します。そして、何より奥様への感謝の気持ちがにじみます。「妻とは会社を辞めてすぐに結婚し48年間、本当に苦労をかけました。照れくさくて言ったことはないけれど、本当に感謝しています」

同友会には1973年に入会。北海道同友会理事や札幌支部幹事などを歴任しました。「入会したばかりのころは自分より年上の人ばかりで、いつも小間使いでした。なんとか自分の言うことを聞いてほしいと、釣りのクラブを作って、月1回釣りに行っていたのが思い出。そういうところで経営者から得たものは大きいです」

（2016年10月号掲載）

株式会社北海道健誠社　代表取締役

瀧野　喜市

たきの・きいち　1941年3月15日生まれ。旭川市出身。常盤中卒。ホテル経営などを経て、92年に北海道健誠社を設立

株式会社北海道健誠社　(道北あさひかわ支部)

〒070-0037 旭川市7条通5-2500-77
TEL(0166)23-7711
業務内容　リネンサプライ・クリーニング業
設　　立　1992年設立
資 本 金　5,000万円
従業員数　280名

障害者と手を携えて　再生エネ活用の先進工場

「弱い者は弱いなりに強さがあります。工場は団結です。障害者と健常者が手と手を取り合えば、何も問題はありません」

株式会社北海道健誠社　瀧野 喜市

瀧野さんは4人兄弟の長男として旭川市で生まれ、難聴と右目失明の障害を持った父を支えながら、戦後の混沌とした時代を家族で必死に生きてきました。

中学卒業後、東京の村松屋製菓へ奉公に出ます。菓子問屋だった叔父が親代わりとなり、東京まで同伴してくれました。連絡船に乗り2泊かけての上京。叔父は「帰るなよ、7年は辛抱しろ」と言いました。東京都台東区浅草松葉町49番地──。つらい経験をした奉公先の住所は、今も忘れないといいます。

東京から旭川まで汽車賃2780円の時代、1カ月の給料は500円でした。2年間は掃除係として働き、3年目から少しずつ菓子作りを勉強させてもらいました。「今に見ていろ」故郷での独立を胸に秘めながら、とにかくがむしゃらに働いたといいます。

22歳で帰郷。念願の独立を果たし、リヤカー1台でカステラやケーキを菓子問屋へ売って歩きました。しかし当時は、冷蔵庫など保存環境に恵まれていない時代。夏場などは、溶けてベチャベチャになった売れ残りケーキを引き取らねばならないなど、事業の難しさを思い知りました。

再び、土木作業員、ミシン販売員と下積みを重ね、1984年にホテル経営で再起業します。ピークで4カ所を運営。92年には、寝具クリーニングを手掛ける北海道健誠社を設立しました。

しかし、97年の拓銀破綻で風向きが一転します。整理回収機構の管理下のもと、借入金5億6000万円をコツコツと返済していく毎日。「月500万円を支払い、10年間で返済しました。今でも私、金融関係では話題の人です」と瀧野さん。完済後、事業を見直し、ホテル業は他社に売却。クリーニング業に一本化します。

当時、独占状態にあった病院用寝具クリーニングの世界で風穴を開け、事業は少しずつ軌道に乗っていきました。拠点となる東神楽町では、2008年までに3工場を新設。老人ホームや一般家庭向けのクリーニング事業も手掛け、会社はどんどん大きくなっていきました。

障害者雇用は、北海道健誠社の代名詞の一つです。障害者だった父の影響もあって、設立時から「ハンディを持った人を第一優先で雇用しよう」と考えたといいます。現在は55人の障害者を雇用しており、そうした障害者には、健常者と同様、仕事量に応じた適正な給料を支給。「シーツ目標900枚」など、各工程で明確な目標を示し、みんなが一丸となって働いているのも同社の強みです。

01年には、北海道障害者雇用促進協会から障害者雇用優良事業所として認定。昨年6月は高橋はるみ知事が東神楽工場を訪れ、木質バイオマスボイラーなどを見学しながら、従業員と言葉を交わして歩きました。この9月には、勤続20年以上の田中浩貴さんが優秀勤労障害者として、独立行政法人高齢・障害・求職者雇用支援機構から理事長表彰を受けたところです。

また、瀧野さんの歩みには妻・京子さんの影響も大きいといいます。それまで旭川市内の重症心身障害者施設で勤めていましたが、夫の独立願望を支持し、15年間の貯金を「頭金にしなさい」と提供。夫婦二人三脚で事業に挑むことを選びました。

京子さんは現在、健誠社グループの民間非営利団体（NPO）法人まことで理事長を務め、今も社会福祉に情熱を注いでいます。高齢者福祉サービスの「ケンセイシャサポート」や、共生型集合住宅「ひがしかぐら　ふらわーはうす」などを運営。障害者の社会参加のきっかけを提供することで、心豊かな生活ができるよう支援しています。

来春には、瀧野さん自身の社会福祉活動の集大成となる、障害者就労支援施設「ケンセイシャレバレッジ東神楽工場」を稼働させます。就労継続支援事業B型を展開し、当面は25人ほどを受け入れながら、雇用契約に基づく就労が困難な人に、必要な知識や能力を身に付けてもらう考えです。

瀧野さんは「健誠社は従業員がどんどん増えていますが、その分、みんなが仲良く団結して仕事しているので、業績は伸びています。正直者が特をする時代が来ればいいですね」と話しています。

同友会には07年に入会。本業が忙しく、あまり活動に参加できていませんが、社長室長ら幹部が例会などに参加して、地域の情報共有に努めています。

（2016年11月号掲載）

林　洋一

函館電子株式会社　取締役会長

はやし・よういち　1943年3月20日生まれ。函館市出身。明治学院大学卒。71年にクライマー製作所を設立し、82年に半導体を扱う函館電子に業態を変更。

函館電子株式会社　（函館支部）

〒041-0813　函館市亀田本町67-30
TEL（0138）41-0100
業務内容　半導体デバイス・水晶デバイス製造
設　　立　1982年設立
資 本 金　3,000万円
従業員数　61名

鉄加工から半導体へ

登山で身に付けた挑戦心

「目標を持つことは楽しいこと。仕事は楽しくなくてはいけないし、それで積み重なった実績が信頼になる。人と出会うことの楽しさ、その積み重ねと幸運が今の会社になっています」

函館電子株式会社　林 洋一

林さんは、函館市内で鋳物生産工場を経営する父・真次さんの元に1943年、三男として生まれました。自宅横には工場があり、「重厚長大な鉄のかたまりが生まれる場所」と話す風景が林さんのものづくりの原点です。生来の活発さは山登りに発揮され、「僕の人生は今も昔も〝山〟なんです」と話すように、函館東高卒業時まで道内の山々を歩きました。

函館を離れ、61年に明治学院大学に進学。経済を学ぶかたわら、山岳部に入部し数々の山脈に挑みます。自然への挑戦は危険がつきものですが、「運が良い」と前向きな性格は恐れより登頂の楽しさが先立ち、今に続く挑戦心が育まれていきます。卒業後は、東京のシェル石油の関連会社に入社。3年ほど業務用洗剤を製造販売し、函館への思いが募り68年に帰郷します。

故郷は造船業界がまだ活況で、父の会社・日本産業機械は船具を中心に製造していました。同社入社後は新事業を模索し、市場は鋳物から鉄の加工に変わるだろうと71年、同社を鋳物生産の「クライマー工業」と鉄加工の新会社「クライマー製作所」に分社します。クライマー製作所は、山登り精神から命名され、林さんは社長として社員約15人と船内設備の施工から事業を始めました。73年には結婚し、奥さんは陰ながら支えてくれたと言います。

函館の基幹産業だった北洋漁業の衰退とともに造船業界が落ち込みを見せると、培った加工技術を鋼橋やトラック部品の製造など建設業界での販路開拓に発揮。受注確保にまい進する中で、父の縁故で日立北海セミコンダクタと巡り会いました。

鉄加工の先行きを案じていた林さんは82年、一大決心し半導体事業に業態を転身。後押しとなったのは日立との縁でした。「全くの別物でできるかどうか分からない。けれども会社の存続はここにある。元来運はあると思う性分、不安を抱えながらもかじを切った」との決意で、クライマー製作所を現在の函館電子に改め、半導体の外観検査から新たな事業に挑みました。新分野での設備導入や技術力向上に対する日立の技術者常駐や実習への参加という協力はとても心強かったと言います。

業態の転換は苦労もありましたが実直な仕事ぶりは日立の信頼を得て、半導体の製造工程を担う会社に育っていきます。全工程を任されるようになっていた90年代初頭、海外の半導体業界に押され日本の業界は陰りを見せます。函館電子も例外ではなく、日立の事業から独立しなくてはいけなくなりました。「今までで一番大変だった時。独り立ちするため、たくさんの人と別れ、また出会い、仕事を求めた」と振り返ります。

懸命に人に会い重ねた営業と積み上げた技術力は、新たな取引先からのＩＣ製造や携帯電話組み立てなどの受注につながっていきます。信頼を得るため自社独自の品質・安全管理の探求はもちろんのこと、94年には函館市内でもいち早く製造の品質保証ＩＳＯ９００２を取得。「私たちの会社は時代の先端を走るだけに、旧態の技術にとどまっては立ち行かなくなる。新しい技術への挑戦は欠かせない」と新技術の開発、特許の取得などには一段と力を入れます。

仕事は1人ではできず「顧客の要望を実現するため皆で考え、作り、試験し信頼に足る物にする」。思いは設立当時から続ける小集団活動などの社員教育、福利厚生や

函館電子株式会社　林 洋一

社内環境改善といった社員へのいたわりに表れます。「機械に向き合い、異物を入れないようにする仕事は常に緊張の連続。ならばせめて楽しくなる会社、仕事にしたい」と職場環境に目を配ります。

65歳となった２００８年、社長業を函館電子の設立時から共にした黒須正章氏に引き継ぎ、今は会長として見守ります。「大変なヤマ場は何度もあった。越えられたのは人の縁と運」と振り返り、今後の目標は「これからも先端を走り続けたい。そしてお客さんの手に届く商品を作ること。信頼を得て世の中に感謝される商品を作ることは至難の技。だからこそチャレンジしていきたい」と見据えます。

同友会には函館電子の設立時に、経営を一から学びたいと入会。函館支部長、道副代表理事を歴任しました。同社では社員の研さんの場として、幹部を育成する幹部大学に毎年２人ほどが参加しています。

（２０１７年１月号掲載）

株式会社YSE　代表取締役

安江　眞

やすえ・まこと　1940年11月25日、伊達市出身。75年に野口商会の北海道地区販社「北海道ノグチ」設立。2003年にYSEに商号変更。

株式会社 YSE （札幌支部）

〒064-0821 札幌市中央区北1西25-1-25
TEL(011)633-1101
業務内容　オートバイ部品、建築資材卸、電動カート販売など福祉分野も手掛ける
設　　立　1975年設立
資 本 金　1,000万円
従業員数　7名

人の〝生きる〟に特化

オートバイから福祉まで

「人の〝生きる〟に関わる企業を目指してきました。ニーズに応えるには知識を身につけ、情報を収集するアンテナを高くしておくべき。困難に突き当たっても、次はどうするかを考える力も必要です」

株式会社YSE　安江 眞

伊達市出身の安江さんは、東京都内の大学を卒業したあと1963年に自転車・オートバイ用品卸の野口商会に入社しました。当時は折しも、日本が高度経済成長期を迎えた頃。自転車やオートバイが物流の重要な役割を担っていて、法制度が整備される中でヘルメットなどの関連用品のニーズも高くなり、売上を大きく伸ばしました。関東以北を中心に営業を担当し北海道にもたびたび訪れていました。長男のためいずれは北海道に帰り両親の世話をしなければと考えていたところ、道内での販社設立が決定。道内に営業ルートを持っていた安江さんに白羽の矢が立ち、75年、36歳で社長に就くことになりました。「営業所長のようなポストと気軽に考えていたので、社長と聞いてとても驚いたことを覚えています」

その頃になると、市民の買い物の場はスーパーマーケットに移っていました。生活様式に合わせて自転車のニーズも変化します。自転車はそれまで26─27インチの男性向け製品が主流でしたが、主婦層向けに24インチのタイヤを用いたいわゆる「ママチャリ」が売れ始めました。

こうしたスーパーでは自転車販売コーナーを設けるのが一般化していて、安江さんも取引に加わり部品などを数多く納入したといいます。1年目は好調と思われましたが、思わぬ落とし穴がありました。「北海道の人は冬に自転車に乗らないため、自転車コーナーは撤去されてしまいます」。急場をしのごうとクリスマスツリーや正月飾りを仕入れて納入しましたが、根本的な解決になりませんでした。

さらに売れ残った自転車用品の在庫は「冬期間は預かっておいて」と言われ同社で引き取りましたが、春になって再度納入しようとすると商品によっては「売れ行きが悪かったからもう扱わない」と戻されることもあったといいます。

数千万円分の赤伝票（処理済みの伝票を取り消すために発行した伝票）を抱え、「こんなことをしていたら完全につぶされる」と危機感を覚えた安江さんは、スーパーとの取引を一切取りやめました。その影響から、当時5億円あった売上は1億3000万円にまで大幅に落ち込みました。

東南アジア製の安い自転車の流入もあり、現在は自転車事業からは手を引き、オートバイ分野に加えて建築資材、要介護者向けの電動カート、LED照明などを中心に展開しています。最近は農業分野にも力を入れていて、自社開発の高耐久ビニールハウスは、積雪の多い地域のほか、スポーツの練習場としてのニーズもあり好調です。売上高は14年9月実績で2億6000万円にまで回復し、安定した経営を続けています。

意外なところでは、札幌発祥の冬のスポーツ「スノーホッケー」の普及にも力を入れています。不況の中でスティックやレッツ(雪の上を滑るためのミニスキー)の道外メーカーが廃業しましたが、金型などを同社が買い取って道内生産への道筋を整えました。最近では、ある高校生の親から「スノーホッケーから始めてアイスホッケーをやるようになった子どもが、スポーツ特待生として進学できた」という感謝の声も寄せられ、スポーツ分野での貢献も大切だと感じています。

こうした多岐にわたる分野で事業を展開するのは「人の〝生きる〟に関わる」とい

う信念があるからです。暮らしや経済活動の困りごとはないか、それをなんとかして解決できないかと常に考え、情報収集を欠かさないといいます。社員には本をたくさん読むように呼び掛けています。

ことしは中小企業庁の「中小企業・小規模事業者ものづくり商業・サービス革新事業」を活用して開発した農薬散布用ボートも新たに発売します。高齢化などの農家の悩みを受けて小型軽量化したのが特長です。これからも、困りごとにきめ細かく対応する商品の展開を続けていく思いを強くしています。

同友会には１９９５年に、和光技研元社長の白石貢さんの紹介で入会。現在は農業経営部会に所属していて、農業分野の事業展開に関するヒントを得ています。「人生では人との出会いが大事。これからまだまだ先も、どれだけの人と知り合えるかが楽しみでなりません」

（2017年2月号掲載）

株式会社 YSE　安江 眞

株式会社環境ダイゼン　代表取締役

窪之内　覚

くぼのうち・さとる　1943年11月9日、北見市出身。ホームセンターの店長を経て、2006年に環境ダイゼンを設立。

株式会社環境ダイゼン（オホーツク支部）

〒099-2103 北見市端野町三区438-7
TEL（0157）67-6788
業務内容　バイオ製品の開発、製造、販売
設　　立　2006年設立
資 本 金　1,000万円
従業員数　14名

フがサポートします。

❖校正作業・誌面レイアウトについて専門的なアドバイス

著者との協働作業で誤りを正していきます。文章の表現や読みやすい誌面レイアウトになっているかなどアドバイスします。

❖本をつくるために経費はいくらかかるの

本を作成するためには、データ制作費、印刷費、製本費、用紙代などがかかりますので、何冊作成するのか、何頁になる本なのかが重要ポイントになります。

❖自分の本を書店の棚に並べてみたい

ISBN コード、JAN コードでの登録管理で道内主要都市の書店への流通をはじめ、Amazon などの取次店へ書誌データを登録し、全国からの注文に対応します。

占領下の児童出版物と
GHQ の検閲
—ゴードン W. プランゲ文庫に探る—

著者●谷 暎子
判型● A5 判 上製本
頁数● 646 ページ
定価：7,000 円＋税

多様性を活かす教育を考える
七つのヒント
オーストラリア・カナダ・イギリス・シンガポールの教育事例から

著者・編者●伊井 義人
判型●四六判 並製本
頁数● 160 ページ
定価：1,800 円＋税

俺のモシリ
—オホーツク森の七つの物語

著者●上伊澤 洋
判型● A5 判 並製本
頁数● 212 ページ
定価：1,200 円＋税

土木技術を未来へ
はしわたしする 12 のことば

著者●続・橋が教えてくれたもの編集委員会
判型● A5 判 上製本
頁数● 96 ページ
定価：1,600 円＋税

あなたの本づくりを専門スタ

❖原稿づくりがこれからの方でも、ご相談ください

原稿をこれから作成するという段階でも文字原稿の作り方、写真、図表などの作り方について、アドバイスいたします。

❖本のことならどんなことでもご相談ください

本の判型、製本の種類、文字の大きさ、書体の選定など専門スタッフが、面談やズームを利用して、本づくりのご相談を承ります。

❖原稿は手書き原稿でもOK

原稿の表記揺れなどのアドバイスをはじめ書籍ごとのルール決めなど、読みやすい誌面づくりのためのアドバイスをします。

［共同文化社がお手伝いした本］

静かな風を聴きながら　北海道63景

著者●藤倉　英幸
判型● 265×225mm 並製本
頁数● 112ページ
定価：2,800円＋税

春夏秋冬、早朝、夕暮れ、季節など63枚の絵とエッセー「旅先からの手紙」で紙上の旅へいざないます。

エゾナキウサギ― Pikas in the Rocks

編集●ナキウサギふぁんくらぶ
判型● 210×210mm 並製本
頁数● 96ページ
定価：1,800円＋税

氷河期から命を繋いできたエゾナキウサギ。開発により絶滅の危機にさらされている。このいのちを守るため、ふぁんくらぶ会員が撮影した貴重なショットばかりです。

誇れる商品作りたい

バイオ消臭剤を広く普及

株式会社環境ダイゼン　窪之内 覚

「幼少期から実家の農業の手伝いをしていましたが、仕事というとそのイメージが強く、自分では仕事をしていると思っていません。つらいと思ったことはなく楽しんでいます。今はビジネスに夢中になって取り組んでいますが、こんないい商品があったのかと喜んでもらいたい。〝ありがとうございました〟と連絡が来たら突き抜けるほどうれしいです」

窪之内さんは、北見市で農家を営む両親のもと、8人兄弟の6番目として生まれました。小学生の頃から実家の手伝いをするようになり、畑仕事や牛のふん尿の処理などを高校卒業まで続けました。そのおかげで作物や畑、牛に関する知識が身につき、それが窪之内さんの基礎となりました。

高校卒業と同時に地元の百貨店に就職したのが１９６２年。「全国で一番小さな百貨店」という小規模な店舗で、大手との競争の中、工夫を凝らし営業を続けていきました。しかし86年、その百貨店が廃業し、地元の大手百貨店に転職。その後、87年には地元の「ホームセンターダイゼン」に店長として移ることを決意します。

当時はホームセンターの出店ラッシュで、大手との競合が特に激しい時。「経営のポリシーは差別化」と百貨店時代に工夫を凝らすことで身につけた能力をここでも生かしていくことになります。

93年には約４５０坪から１０００坪へと店舗の規模を拡大。それを機に、今までにない店舗づくりを展開していきます。東京へ赴くたびに東急ハンズを見学し、その時代に求められる風潮を肌で感じとろうと努力。「Ｄｏ ｉｔ ｙｏｕｒｓｅｌｆ（自分でやろう）」がその時代のキャッチフレーズと分かり、男性、女性、子どもが誰でも訪れたくなるような店舗へ変更。「それが非常に好評でした」と、手応えを掴んでいきます。

店長として勤務していた窪之内さんは接客を主に担当。品揃えが良いという評判もあったのですが、ある日、客から消臭剤に関するクレームを受けました。窪之内さんは自信をなくしてしまいましたが、それ以来、メーカーの展示会に行くたびに良い消臭剤を探す日々が続きました。

そんな折、酪農家が牛の尿を善玉菌で発酵・分解した無臭の液体を「園芸の売り場で売れないか」と持ち込んできました。窪之内さんは「もしかしたら臭いを消せるのでは」とその液体を従業員、メーカー、問屋、客などに配布し、試験的に使用してもらうことにしました。すると、くみ取りトイレ、ペット、排水などの臭いに効果があることが確認され、「これは商品化できるのでは」という思いに至り、99年に消臭剤

「きえ～る」として販売を開始。また、液体の堆肥としても連作障害に効果があることが分かり「土いきかえる」も商品化。ホームセンターが商品の製造元になり、道内への販売が始まりました。

「全国のお客様が待っている商品だと自分でも思っています」と話すほど当時から自信がありました。商品を広めようと「公害の元が公害を制す」「牛の尿から消臭剤」と自身でキャッチフレーズを考案。新聞社に情報を提供したところ、公害が大きな問題となっていた背景もあり、大きく取り上げられました。それがきっかけでテレビ局も取材に来るなど少しずつ知名度が上がっていきました。

8年ほどで消臭剤などの商品を扱う販売部だけで年間の売り上げが5000万円に。2006年、仕事を引退しようと考えた際、「他の従業員が詳しくない商品を残していったら会社に迷惑がかかるのでは」という意識から、退職金の代わりに商品の

株式会社環境ダイゼン　窪之内 覚

権利を引き受け、環境ダイゼンを設立。ビジネスを62歳から開始しました。

現在、商品は日本国内だけでなく、海外においても普及しています。ベトナムの農家、カンボジアの肥料会社にも評判が良く、カンボジアには毎年100トンほど輸出。中国でも試験使用するなど注目が広がる中、「農薬、化学肥料全盛の時代だが、昔の農業に変えていきたい」とこれからの目標を語ります。東日本大震災の際には、腐敗臭に対応できる消臭剤として日本赤十字社から要請を受け支援もしました。昨年は約600トンを商品として販売。「全国でのシェアは微々たるもの」と話しますが、「全国に誇れる商品になるまで頑張りたい」と抱負を語ります。

同友会での活動は「出張が多かったりとなかなか参加できていません」と話しますが、『望年会』などに顔を出してお酒を飲んだりします」と会員との親睦を熱心に深めています。

（2017年3月号掲載）

岸 信子

有限会社八広葬儀社 代表取締役

きし・のぶこ 1937年11月2日生まれ、樺太出身。小学校3年生で江別に移住した。医薬品メーカー勤務や結婚、子育てを経て49歳で起業。

有限会社八広葬儀社 （札幌支部）

〒067-0075 江別市向ヶ丘19-2
TEL（011）385-8783
業務内容 葬祭業
設　　立 1986年設立
資 本 金 300万円
従業員数 4名

「送る立場で『心遣い』」

「華道の腕生かし葬祭業へ」

「名刺や広告などに〝別れ路を真心で〟と書いているように、常にお客様の立場になって考えるよう心掛けています。今は葬儀の形が多様になり、お客様によって事情も異なります。何より葬儀の仕事は形ある物を作るものではありませんから」

有限会社八広葬儀社　岸 信子

樺太で生まれた岸さんは終戦後、父親の仕事のつてがあった江別に移り住みます。小学校3年生の時です。5人兄弟の長女として、新しい土地に慣れない妹たちの面倒をよく見たと言います。地元の高校を卒業後、当時札幌にあった家政学院に進学。料理や裁縫などを学ぶ学校で、起業のきっかけの1つとなる華道も学び始めます。同学院卒業後は医薬品メーカーのエーザイ（本社・東京）に就職し、同社の札幌での地盤固めに尽力しました。

結婚を機に退職し、主婦の傍ら華道を教えていましたが、子どもの手が離れ、自分のための時間が取れるようになると、元来の旺盛な好奇心が頭をもたげてきます。49歳での起業。年齢的にも失敗が許されない中、旧知の仲だった企業経営者に相談したところ「景気の波に影響されない、人の嫌がる仕事、現金商売。この3つが重なるものであれば、うまくいくのでは」との教えを受けます。

当時、江別には葬儀社が1社しかなく、それ故に利用者の選択肢が足りないと聞いていた岸さん。「葬儀の仕事はまさにこの3つが当てはまる。お花の腕も生かせる」と考え、1986(昭和61)年に会社を設立します。

市内では数少ない葬儀社ということで、すぐに軌道に乗るかとも思われましたが、業界ならではの慣習が多く簡単には行きません。

今のように個人が自由に葬儀社を選ぶのではなく、自治会が中心となって葬儀を執り行っていた時代。故人の家族から依頼があったとしても、新しい会社ということで自治会が難色を示し、断られることもあったそうです。霊きゅう車にしてもその町で走らせることができるのは1社だけで、他社はそこから借りるという習わしがあり「競争相手がいない商売の壁の厚さを感じた」と振り返ります。

しかし、地道な顔づくりや粘り強い交渉、発想の転換で一つ一つ乗り越えて行きます。江別では霊きゅう車の到着順に火葬していくのが慣例でしたが、霊きゅう車使用の縛りから、想定した時間に車を使用できないこともあります。そこで、到着順ではなく予約順で火葬できるよう市に掛け合いました。家族の了承が得られれば、霊きゅう車ではなく大型の商用車も利用するなど、業界の常識を覆すことの連続でした。

また、バブル景気の真っただ中、どの会社も葬儀ホールの建設に躍起になっていましたが、資金的な余力がなかったこともあり、同社はホール建設ではなく、別の方向に活路を見いだします。

「当時、霊きゅう車の使用料金はとても高く、一般の人はなかなか使うことができませんでした。そこで、無料で乗せてあげたら喜ばれると考えました」。狙いは当たり、同社の存在感を高めます。

経営が軌道に乗った後、小規模なホールを2005(平成17)年に建設。家族葬という形態が出始めた頃で、時代のニーズとマッチし「ホールを建てたことで、仕事が切れ目無く入るようになりました。ここで流れが変わった」と言います。業容は着実に拡大し、12(平成24)年には150人規模のホールを設け、さまざまな要望に応えることができる体制が整いました。

〝直葬〟という言葉が出てくるなど、葬儀のあり方は様変わりしていますが、最期はきちんと見送るべきとの思いを貫きます。

「例えば、予算が厳しくても湯灌（ゆかん）だけは施すよう徹底しています。顔をきれいにし、仏衣を着せてあげることで故人も来世へと旅立つことができます。また、葬儀は亡くなった人よりも生きている人の意見に沿って行うことが大切です。送り出す人が悔いを残さないよう、じっくり相談に乗ります」

こうした心遣いは客の気持ちをしっかりとつかみ、10年、20年前に同社で葬儀を行った人たちが、再度依頼してくるという循環が生まれています。

同友会には1993（平成5）年に入会し、札幌支部女性経営者部会の活動に力を入れています。部会のメンバーは年齢層、業種とも幅広く、そのエネルギッシュさに「打ちのめされる」こともあるそうですが、「大変な刺激になっている」と目を輝かせています。


（2017年4月号掲載）

有限会社八広葬儀社　岸 信子

株式会社岡田建具製作所　代表取締役

岡田　守

おかだ・まもる　1941年3月16日、恵庭市出身。中学卒業後、市内の建具会社で修行し、26歳で起業。

株式会社岡田建具製作所　（札幌支部）

〒061-1409 恵庭市黄金南1-313-40
TEL（0123）32-2805
業務内容　木製建具、造作家具の製作・施工
創　　業　1967年創業、69年に株式会社化
資 本 金　3,600万円
従業員数　28名

木材活用にこだわり　建具作り続け50年の節目

「恵庭で建具を作り続け、この5月で50年の節目を迎えました。建具業界を取り巻く環境は厳しさを増していますが、他社ができないような物を作り、ブランドづくりに取り組んでいきたいです」

株式会社岡田建具製作所　岡田 守

岡田さんは恵庭で農家の家に生まれました。のどかな田園風景の中にも防空ごうなどを目にし、幼心に戦争の足音を感じたそうです。中学を出ると兄弟が多かったこともあり、手に職を付けることを決めます。選んだのは〝指物師〟と呼ばれ、家具から机、流し台とあらゆる木製品を手掛け、重宝されていた建具業界。恵庭市内の会社に住み込みで奉公を始めます。

マニュアルなど無い時代。かんな、のこぎり、のみといった道具の持ち方、使う時の姿勢など基本的なことは教えてもらいましたが、「技術的なことは先輩の姿を見て覚えた」と振り返ります。仕事の傍ら、奉公先の勧めで定時制高校に通いました。当時、職人の休みは毎月1日と15日というのが一般的で、繁忙期は学校から帰った後も仕事をすることがありましたが「大変だとは思わなかった」と言います。

職人として独り立ちし始めた頃、奉公先の親方がケガで入院します。会社の先行きに不安が漂う中、年長の職人から「代わりを務めるのはおまえしかいない」と託されます。まだ22歳でした。仕入れ、販売の価格も分からず右往左往する毎日。それでも仕事に使う物差しの単位を時代の変化に合わせて寸、尺からメートルに切り替えるなど、会社運営に対する考え方が定まっていきました。

その後、親方の病気などが重なり会社を畳むことになったため、従業員を引き継ぎ、1967（昭和42）年に26歳で独立しました。

起業に当たっては〝普通の会社にしたい〟との思いを貫きます。当時、建設業界では休みは月に数えるほどで退職金は無し。冬期間は工事がないため失業保険に頼ることが常態化していました。通年雇用を図るにしても冬場の仕事を確保することは容易ではありません。「経済的にも家族、従業員に苦労を掛けた」と述懐します。

高度経済成長の波に乗り業容は順調に拡大。戸建て住宅をはじめ、分譲マンションや学校、会館、病院と大小問わず、さまざまな建築工事に携わっていきます。

そうした右肩上がりの中でもターニングポイントはありました。創業から10年ほどはアルミ製のサッシ、バルコニーの手すりなども自社で部材から加工し、建物に設置していました。しかし、サッシ類が規格化され、メーカーが完成品を建設現場に持ち込むようになると、縮小を余儀なくされます。

多くの企業と同様、90年代にはバブル経済崩壊のあおりを受けて建築工事が急激に減り、価格競争が激化していきます。そこで「価格競争のない分野はないか」と考え、戸建て住宅を経営の中心に据えます。取引先もそれまでのゼネコンや大手ハウスメーカーから、中小の工務店へと切り替えていきました。

製品づくりも見直します。ライフスタイルが変化し、たんす、食器戸棚といった置き家具に代わって、クローゼットをはじめとする作り付けの家具が増加。建材メーカーも建具に参入してくる中「メーカーの商品はある程度規格が決まっている。メーカーではできないものを作っていく」ことを決めます。目を向けたのは無垢材です。「木は伸び縮み、狂いがあって難しい」と話しますが、狙いは当たり、古民家の再生などを手掛けるような〝こだわりを持つ工務店〟から支持を得ています。

今、ストローブマツという松の一種に注目しています。道内でも多く植林されましたが、乾燥など加工が難しく利用が進んでいないため、この商品化を研究しています。企業は人なりと言われますが、岡田さんは長らく続いた景気低迷の時期も人材採用を続け、合わせて設備投資を図ってきたことで「他社ができない物を作れる会社」の下地が整いました。

社員には常々「いろいろなものを見たり、聞いたりして自分の糧にしてほしい」と語り、東京で開催される住宅関連の展示会にも積極的に参加させているほか、希望すれば、建築士や宅地建物取引士といった資格の取得費も補助し「お金ではない資源が蓄積されているはず」と胸を張ります。

同友会には取引先の紹介を受け、81（昭和56）年に入会し「多くの学びを得て経営に生かしている」と言います。千歳・恵庭・北広島・長沼地区会の幹事を長年務め、学びへの意欲は高まるばかりです。

（2017年5月号掲載）

社会福祉法人北海道宏栄社　理事長

吉村　克之

よしむら・かつゆき　1942年11月25日、満州出身。東京での会社員生活等を経て、父が小樽で経営する塗料店(現・よしむら株式会社)を継承。06年から北海道宏栄社の理事長。

社会福祉法人北海道宏栄社　(しりべし・小樽支部)

〒047-0011　小樽市天神2-8-2
TEL(0134)25-1551
業務内容　障害者支援施設、障害福祉サービス等
設　　立　1962年設立
従業員数　134名

障害者の居場所守る　信頼が自立心生む改革に

「国全体で障害者を自宅でケアする方向へと進んでいますが、昨今は家族全員が働いている場合が多く、難しいのが現実。これからも障害者とその家族が安心して居られる場所を守っていきます」

社会福祉法人北海道宏栄社　吉村 克之

満州で生まれた吉村さんは終戦後、両親の故郷だった小樽に移り住み、父は仕事もない苦しい時代の中、当時の小樽は家具製作が盛んだったことから、家具向けを主体とする塗料店を始めます。一方、吉村少年は夏は朝から晩まで海で遊び「母に言わせると笑えば歯しか見えないくらい真っ黒だった」と言うほど、元気な子ども時代を過ごしました。高校卒業まで小樽で過ごした後、「受験するふり」をして上京します。

1年ほど塗料会社に務めていましたが、周りの勧めもあって大学に進学。卒業後も東京に残り、木工用ボンドなどでおなじみのコニシ(本社・大阪)に入社します。20代後半に差し掛かり、営業マンの仕事が板に付き始めた頃、父親の会社が忙しくなり、後ろ髪を引かれる思いで小樽に戻ります。

帰郷後は会社を継ぐ傍ら、社会教育委員や調停委員など多くの公職を務めます。どれも面倒見の良さから依頼されたもので「みんなが敬遠するものであっても、誰かがやらなくてはならない」との思いが駆り立てました。

病院、ホテルなどの寝具や浴衣、白衣のクリーニングを通じ、障害者の社会参加や就労を支援している北海道宏栄社と関わるようになったのは1997(平成9)年のこと。当時の理事長からボランティアで理事を務めてほしいと打診されたのが始まりです。「障害者福祉の事をよく知らないし、当初は気が進まなかった」と言います。しかし、実際に法人運営に携わり、創設者が障害者と健常者が共に生きていける環境づくりに奔走した歴史を肌で学んでいくにつれ、意識が変わっていきました。

会社経営者の視点で改めて法人内を見てみると、一般的な会社と雰囲気が異なることが目に留まります。当時は社会福祉法人に対する補助がまだ手厚く、「自分の世界だけを見て、与えられたポジションをこなしていればいいと、組織として自立心の無い状況だった」と振り返ります。赤字が続いた時期もありました。

このため、意識改革に乗り出します。それまでは退職者が出るとすぐに欠員を補充していましたが、補充せずに部署間で協力して補ったり、調子が悪くなったクリーニング用の機械もすぐに交換するのではなく、繰り返し修理して使うなどそれまでの慣習を少しずつ変えていきました。

また、理事会に課長職以上を出席させることにより、職員は自分たちの声が経営陣に届くと感じ始め「意識が高まり、自然のうちに自分たちで考える組織になっていった」と言います。「従業員を信頼すれば、彼らが改革していく」との思いを強くしました。

利用者にとってもこの20年で環境が大きく変わりました。97(平成9)年に通所施設「宏栄セルプ」が開設。それまでも通所機能を備えていましたが定員10人以下と小規模なもの。新施設は定員を拡大(16年12月1日現在で60人)し、利用できなかった人にも門戸が広がりました。

入所者が住む寮も02(平成14)年、04(平成16)年の2期に分けて再整備されます。従前は工場の2、3階に寮があり、10畳ほどのスペースで4人が生活していましたが、それを工場と別棟とし、洗面所やインターネットを備えた全個室化を図りました。

吉村さんが理事長に就いた06(平成18)年には障害者自立支援法が施行され、同法を踏まえ、身体障害者に加え、知的、精神障害者の受け入れを始めます。それまでは身

社会福祉法人北海道宏栄社　吉村 克之

障者のみを対象としていたため、他の障害がある人は施設を利用したくてもできませんでした。受け入れ拡大は容易ではありませんでしたが、「福祉のプロである職員たちの熱意」に共感し、挑戦を決めます。

「今後、社会福祉法人に対する補助はますます少なくなり、一層の自立が求められる」と吉村さんは見据えます。法人経営を支えているクリーニング事業に、利用者と職員がこれまで以上に一体となって取り組み、「共に生きる社会の実現」に向け、歩み続ける決意です。

同友会には09(平成21)年に「社会福祉には閉鎖的な部分がある。外部の人と知り合うことは勉強になる」と考え入会しました。さまざまな分野で学びを得ているほか、支部内に障害者雇用の部会を設立してもらい、実際に雇用にもつながるなど活動に手応えを感じています。

(2017年6月号掲載)

有限会社遠藤損害保険事務所　代表取締役

遠藤　総一

えんどう・そういち　1935年1月29日生まれ。足寄町出身。53年に家業の総安堂のお菓子部門に就職。62年に総安堂運送を立ち上げる。67年に保険代理業を始め、83年に法人化した。

有限会社遠藤損害保険事務所　（とかち支部）

〒089-3711　足寄郡足寄町南1-1-5
TEL（0156）25-4333
業務内容　保険代理業
創　　立　1967年創立
資 本 金　1,000万円
従業員数　8名

仲間づくりで輪広げ

顔の見えるサービス徹底

有限会社遠藤損害保険事務所　遠藤 総一

「50年続いた秘訣はない。もう無我夢中。商品知識を十分にして新しいものを取り入れたり、仲間づくりをしながら輪を広めるなどそれしかない」と話し、創立50年を迎えた今も、社是としているお客様へのサービス第一主義を守り抜いてまい進していく姿勢を見せています。

遠藤さんは、1935年に足寄町で生まれました。父は町内でよろず屋を経営し、遠藤さんも小学校に入る前から月刊雑誌を配達していました。当時を「私は根っから商人の子。商売の道をずっと歩いた。父親が3年間ほど戦争に行ったものだから、お袋と一緒に子どもながら月刊雑誌や文房具、なんでも売った」と振り返ります。終戦後に生菓子の中間卸をするようになった後も、配達を手伝っていました。

高校は、本別高校の普通科。商業を週2時間専攻し経理を覚えたこともあり生徒会の会計を務めます。そこで、当時強かった野球部と陸上部の運営資金を調達するため、購買部の設置に関わることになりました。当時は生徒数が多くパンが1日700個も売れ、売り上げは好調でした。「高校を出て良かったと思うことは経理を覚えたこと。今現在も会計事務所を使っていない」と胸を張ります。

53年に高校を卒業し家業を手伝う一方、62年にはトラック運送の会社を設立し20年間経営します。当時は十勝の各地で輓馬の馬市があり、農家が買った馬をトラックで深川や妹背牛などにピストン輸送しました。足寄町内にある木工場には、山に入って伐採や造林をする業者向けに食べ物や道具を運搬。このほかに農家の人たちが買い物した品を送る宅配業や引っ越し業など、運搬に関わることはなんでもやりました。

そんな中、大きな転機が訪れます。66年に自宅から出火してしまったのです。火災

有限会社遠藤損害保険事務所　遠藤 総一

保険には契約していましたが、運悪く満期日より12日経過していました。当時は保険の普及が少なく、満期の案内などのサービスはありませんでした。そこで「こういうことで悩んでいる人はたくさんいるんだよな。この自分の体験を生かしてやりたい」と考え、67年に遠藤損害保険事務所を創立し、保険代理業を始めることにしました。

会社を立ち上げた後、自動車が急速に普及し交通事故が多発するにつれ契約数が増加する一方で、未加入者の事故相談が増えました。よりよい商品提供をするため、幅広い知識が必要と考え勉強し、82年には損害保険の最高種別である特級一般に道東地区では第1号の認定を受けました。83年には法人化し、共栄火災海上保険をメインに東京海上日動火災保険や三井住友海上保険、損害保険ジャパン日本興亜、富士火災海上保険など幅広く取り扱うようになりました。

そうしてお客さんの口コミからいろいろな相談に乗るうちに大口の契約が増え出し

ました。「商売もけんかも人がいる所でないとできないことだから帯広に力を入れよう」と、販路拡張に向けて84年に帯広支店を開設しました。

営業に当たっては、商品内容や約款の小さな点にも目を配り、お客さんに分かりやすく説明することを心掛けています。例えば、自動車保険の始期・終期は、契約した日の午後4時から満期日の午後4時までとする4時約款が通常です。始期の前に事故を起こした場合は保険金が下りず、すぐ車に乗るのであればその時刻に合わせて契約しないといけません。「お客さんが納得するような十分な説明が大切」と断言します。また建設事業請負の保険やレクリエーションの1日保険なども取り扱います。通信販売やテレビコマーシャルで宣伝をする会社が増え競争が激化している中、「底辺を広くしていって自社を知ってもらう。そうするといつか『自動車保険も遠藤さんにしてもらうか』と気にしてもらったら大したもの。種をまかなければ生えないいんだか

有限会社遠藤損害保険事務所　遠藤 総一

らね」と、地域の専業代理店として顔の見えるサービスに徹してきました。

共栄火災海上保険では、全国の代理店で組織する共栄プロクラブで北海道・東北ブロックの常任理事を務め、２０１５年に専業代理店部門で全国3位に総合入賞しました。これからも次の60、70年に向けて、より一層の商品知識と事故処理サービスの充実を柱に、お客さんに慕われる営業に取り組んでいきます。

同友会には93年に入会し、09年から12年にかけて足寄地区会会長を務めました。足寄町内にあったスーパーの社長の講演が印象に残っており「僕は2軒隣にいてお店をやっていたからよく覚えているし、そういった苦労話や体験談はためになった」と振り返ります。

（2017年7月号掲載）

ヘアーフェローズ by ―うつみ― 代表

内海　庸就

うつみ・のぶもと　1945年6月20日生まれ。東京都出身。終戦後、羽幌町に移住。中学を卒業して理容師の道に進み、24歳で独立。

ヘアーフェローズ by ―うつみ―
（道北あさひかわ支部）

〒078-4103　苫前郡羽幌町南3-3-6-4
TEL（0164）62-3331
業務内容　理容室、美容室の双方を手掛ける
創　　業　1969年創業
従業員数　4名

人との出会いが財産

「理容師道」歩み常に挑戦

「人生の節目節目で誰かのお世話になり、ここまで来ることができました。理容師の世界へと導いてくれた師匠をはじめ、人との出会いが私の財産です」

内海さんは東京の生まれですが、終戦後、母方の祖父母が暮らす羽幌町に母と2人で身を寄せます。物のない時代。祖父母は自前の水田を持たない開拓農家だったこともあり、暮らし向きは厳しかったと言います。

こうした事情もあり、中学卒業後は手に職を付けようと考えていました。整備工への憧れがありましたが体が丈夫ではなく、担任教師の勧めもあって旭川市のテーラーに奉公することがほぼ決まっていました。

しかし、祖母が街へ出掛けた時、後の師匠となる理容院店主の太田キヨさんと偶然に会い「同じく手に職を付けるなら町内だし、うちに来てはどうか」と声を掛けられたことで、風向きが変わります。羽幌に移り住んでから母が再婚した相手は理容師。小学校の一時期、焼尻島で両親が理容院を営んでいたこともあり「全く知らない仕事でもない」と、この道を歩むことを決めました。1961(昭和36)年春のことです。

住み込みでの修業。休みは月に1度か2度、盆や正月、お祭り前となれば朝の5時から仕事があり、理容師になるための通信教育との両立は容易ではありませんでした。

また、徒弟制度の名残があり、手取り足取りでは教えてくれません。職人の技を盗み見ようにも「職人もここ一番のところではカットしている手元を自分の体で隠す。そこをいかに見るかだった」と振り返ります。

20歳で理容師の国家資格を取り、その店で働き始めます。めきめきと腕を上げ、柔和な人柄も手伝って、内海さんに散髪をお願いしたいというお客が増えていきました。

そうした日々に転機が訪れたのは24歳の時です。営林署の福利厚生施設として運営されていた理容院の委託営業の話が舞い込みました。店の先輩や兄弟弟子は皆独立したり、町外へ修行に出たりしていて「ここで1、2年店をやり、機会があれば札幌へ出よう」との思いで引き受けます。

しかし、店を始めてみると客足はさっぱり。官庁の厚生施設のため、原則、一般客は利用できないことに加え、前任者が自分の気に入った人しかお客として迎えておらず、1日に1人か2人しか来店しない日もざらでした。

内海さんは客の取り合いを避け、弱音を吐くこともありませんでしたが、窮状を察した友人が店に次々と通うようになりました。夕方までは役所の人、それ以外の空き時間は一般客といった具合で店は軌道に乗り始めます。72（昭和47）年に道子さんと結婚してからは、店の経営も安定していきます。努力家の道子さんは結婚後、通信教育で理容師の資格を取得。「まさに二人三脚でやってきた。妻には良き母、仕事のパートナーとしても本当に感謝している」

83（昭和58）年には、営林署の合理化で福利厚生施設が廃止となったことを受け、土地・建物を払い下げてもらい、正真正銘、自分の城となりました。

店が老朽化したことから91（平成3）年に建て替えます。新しい店はそれまでの倍の大きさ。40代半ばに差し掛かり、借金を背負うにはきつい年齢でもありましたが、商店街の仲間も保証人を買って出てくれるなど後押ししてくれ、勝負に出ます。理容師としての腕はもちろんのこと、店のイメージががらりと変わったことで客足は大きく伸びました。店の改築には、苦労を重ね、余命わずかとなった母に、立派になった自分の姿を見せたいとの思いもありました。

ヘアーフェローズ by －うつみ－　内海 庸就

現在、店は札幌で10年以上修行を積んできた次男夫妻と営み、理容・美容の両方を手掛けています。夫妻の帰郷に合わせて２００６(平成18)年に店を増築し、現店名に変えました。どのような仕事、業界でも後進を育てていくことは難しいこと。「儲からないとか自分の仕事を悪く言う人もいるが、私は自分の仕事を悔いたことはない。そんな姿勢が息子にも届いたのかな」と目を細めます。

羽幌でも他のまちと同様、人口減少や中心部の空洞化が課題。数年前から商店街の会長も務めていて「地域の多くの人にお世話になってきた。少しでも恩返ししたい」と考えを巡らしています。

同友会には89(平成1)年の羽幌地区会発足と同時に入会し、地区会長や幹事を務めてきました。商売柄、外へ出向くことが少なく「会合では違った環境や異業種だからこそ本音の話が聞けて楽しい」と語り、情熱は高まるばかりです。（２０１７年8月号掲載）

株式会社クレエ　代表取締役

阿部　満

あべ・みつる　1947(昭和22)年5月1日生まれ。札幌市出身。日栄工業前社長。2015年からクレエ社長専任。

株式会社クレエ　(苫小牧支部)

〒059-1365　苫小牧市字植苗230-7
TEL(0144)84-7750
業務内容　浄化槽の設置・改修やトイレのリニューアル、メンテナンスなど
設　　立　1994年設立
資 本 金　300万円
従業員数　5名

常に考え方の幅広げ

快適なトイレ環境を構築

「事業が上手くいくなんて思っていません。上手くいかせようと思っています。時間は止まらないので常に前に進みながら、上手い方法を考えています。知識を広げるために、興味を持った人にはすぐに会いにいきます」

株式会社クレエ　阿部 満

阿部さんは札幌市の生まれですが、母親の再婚で日高町に弟と共に移り住みました。三岩小学校に入学し、4年生からは富岡小中学校に通学。卒業後は苫小牧市内の自動車整備工場に勤務しながら北海道苫小牧工業高等学校定時制に進学しますが中退。仕事も辞め、日高町に戻って、町立日高高等学校に編入しました。若くして結婚。仕事で道内各地を回りましたが、「経営者には向いていないと思ったので、どうしてもサラリーマンをしたい」と、1973年に浄化槽や排水管などを施工する札幌の会社の出先に勤務します。離れて暮らしていた妻子を苫小牧に呼び寄せた途端、オイルショックの影響など業績悪化からリストラに。77年に浄化槽の設計施工などをする「日栄工業土木」を立ち上げ、個人営業を始めました。

しかし、病気になったため事業を整理しようとしましたが、一緒に仕事をしていたメンバーから請われ、3年間という期限付きで事業を継続することになりました。78年に有限会社となり、3年間で売り上げが1億円強になりましたが、その後は2000万円の赤字に。「借金を返済するために、初めて真剣に商売に取り組もうと思った」ことが、日栄工業の本当の始まりだと言います。同社は84年に株式会社へ組織変更しました。

阿部さんは日栄工業の社長業の傍ら、94年に株式会社クレエを立ち上げます。人手不足の中、培った知識を生かそうと60歳から65歳の定年退職者を新入社員として雇用。保険会社などから6人が集まりましたが、「力があり、立派な企画提案もするが、退職する前はハンコを押していた立場の人間ばかりなので、現場では思うように動けず自分の給料も稼げない」と、1年3カ月ほどで休業することになります。事業を立て直すために、クレエが日栄工業の資材調達や人材派遣をすることになりました。

2011年に、日栄工業、クレエ、矢野電器の3社の財務・一般事務代行業務、経営指導、資産管理、リース業を営む株式会社エヌアイシー・ホールディングスを立ち上げます。国土交通省の補助金を受け、中国での市場調査を実施するなど様々な事業に取り組んできました。そうした中、15年に兼任していた日栄工業の社長を息子の健二さんに譲り、同社の敷地内にあったクレエを一本松町に移します。「それ以来、向こうには1、2回ほどしか行っていない。私がいるとやりづらいかと思って」

阿部さんは「好奇心が旺盛だから分からないことをそのままにしたくない」と、興味を持った人にはすぐに会いに行くと言います。サラリーマンをしたかったと言いつつ、コンサルタントなど社長としての勉強を欠かしません。「毎日、悩んで苦しんでいるけれど、それを解決するのは自分しかできない」と、考え方の幅を広げるために話を聞きに出かけています。「『はてなと思わない人はだめだ』という整備工場時代の先輩の言葉が忘れられない」。常に疑問を持ち「知りたい」と思っています。「間違いに気が付けばいい、間違いは是正がきくんだから」

社名の「クレエ」はフランス語で「創造」を意味します。21世紀を見据えて名付けました。浄化槽の設置・改修などの他に、トイレのリニューアルをはじめ、トイレの快適環境事業を展開。「トイレに対する意識を変えていきたい。自分のトイレをどうやって良いものに近付けていくか。お客さんと一緒に発想していきたい」と、トイレを気持ちよく使ってもらうための環境整備について熱く語ります。

本格的にクレエの業務に携わったのはここ3年。今一番考えていることは従業員の将来について。「クレエは若い会社なので、技術的に根の付いた会社にしていかないと彼らの将来がない。どうしたら彼らに自分の考えを伝えられるか」と思案しています。また、社員には「トイレ事業はスキマの仕事。プライドと自信を持って」と、勉強と努力を求めています。

同友会には1999年11月に入会。2012年4月から15年3月まで苫小牧支部支部長を務めました。「同友会をつくった先輩たちの思いを次に繋いでいきたいと常に考えて支部長を務めてきました。同友会はたくさん勉強できる学びの場。与えられるのではなく『受け取りたい』と思ってほしい」と後輩にエールを送っています。

（2017年9月号掲載）

株式会社クレエ　阿部 満

みどり建工株式会社　取締役会長

山崎　宏

やまざき・ひろし　1947(昭和22)年4月15日生まれ。別海町出身。76年に根室ブロック工業(現みどり建工)に入社し、95年に社長就任。2011年から現職。

みどり建工株式会社　(くしろ支部)

〒088-2564 野付郡別海町西春別駅前西町46
TEL(0153)77-2134
業務内容　建築業を主体に事業展開
設　　立　1956年設立
資 本 金　3,000万円
従業員数　13名

「地域」とともに発展

経営指針まとめ事業承継

「会社設立から61年が経過。ここまで継続できたのは、人との出会いに恵まれ、地域の支援があったからと実感しています」

みどり建工株式会社　山崎 宏

満州鉄道に勤めていた山崎さんの父親は終戦後、父親の兄が商売を営んでいた別海町に移り住み、農業を始めます。父親はその後、農協職員を経て、１９５６年に普及し始めていた建材用のブロックを製造する西春別ブロック工業を創業。翌年、根室ブロック工業に社名を変更します。

当時一家は農業も兼業していたため、山崎さんは母親と兄弟で牛の搾乳や生乳の出荷を手伝っていました。別海町立上西春別小、上西春別中を経て、中標津高に進学。

美術の成績が良く、「学校の先生になりたい」と北海道教育大釧路校に進みました。「経済的に恵まれた環境ではありませんでしたが、親も賛成してくれて、美術科の教師を目指し勉学に励んでいました」

しかし、大学4年時は道内の美術科教員が採用試験で合格できるのは1人か2人という狭き門。それでも教師の夢は諦めきれずに1年大学に残って小学校教員1級免許を取得します。ちょうどそのとき、例年、横浜国立大から教員を採用していた神奈川県教委が、学生運動の影響で同大の学生を採用しない方針を示しました。「これはチャンスだと思って受験し、神奈川県で念願の美術科の教師になることができました」

71年から5年間勤めた神奈川県中井町立中井中では、担任教師も務めました。授業以外でも、生徒の生活相談や進路指導に携わり、密度の濃い時間を過ごしていましたが、別海町で獣医をしていた兄が脳腫瘍で他界。その1年前に継母も亡くなって年齢の離れた小さい妹がいたことから、家族を支えることを決めて別海町に戻り、76年に父親が経営する根室ブロック工業に入社します。「今でもクラス会に参加するほど生徒たちとは仲が良くて。教師の仕事は充実していたし好きでしたが、後悔することないように決断しました」

ブロック製造は需要減に伴い、現在工場は廃止していますが、入社当時は、根釧パイロットファーム事業に続く、国の新酪農村建設事業の展開で大規模な酪農経営が広がり、牛舎にブロックが使われていたため、製造が間に合わないほど需要がありました。ブロック製造のほか、住宅や農場施設、公共施設の建築を展開していましたが、建築の知識はなく、最初は大工さんの手伝いをしながら建物の建て方を一つ一つ学び、図面の引き方を覚えました。「苦労は感じたことがありません。それよりお客さんの喜ぶ顔が見たくて」と顧客から信頼され、地域とともに発展する企業を目指しました。

入社から19年後の1995年に社長に就任。当初は経営者になる気はありませんでしたが、父親の後任で会社を切り盛りしていた横堀昭康社長が別海町議に当選し、社長の職を辞すことになりました。山崎さんはその後を受け継ぎ「絶対に会社をつぶさない」と自分自身を鼓舞し、強い信念を持って経営を担ってきました。その後、父親の代から付き合いがあった地元の会社と合併し、2000年に社名を根室ブロック工業からみどり建工に変更しました。

同友会には94年に入会。06年から旧南しれとこ支部の経営指針づくり研究会に参加し、経営指針の必要性を痛感しました。同友会の経営指針づくりは「経営理念」「経営方針」「経営計画」の3部構成で、互いの社内事情や決算数値も出し合って、経営者同士で意見交換しながら成文化しました。

「社長とは孤独なもので、経営のことを考えると夜中に目が覚めて眠れなくなるこ

みどり建工株式会社　山崎 宏

ともありましたが、経営指針により、必要なことがはっきりし、安心して眠れるようになりました」。経営指針がまとまったことで事業承継を考え始め、11年に16年間務めた社長を40代の社員に引き継ぎました。相談にはいつでも対応し、自分から口を出さないと決めました。国の畜産・酪農収益力強化整備等特別対策事業の牛舎建設など大型物件も受注し「経営手腕を発揮してもらっています」と信頼を置きます。

一方、経営指針を研究する中で、人生設計も重要と位置付け、絵や彫塑の創作活動も積極的に展開。ことし9月12―17日まで釧路市立美術館で開かれた釧根管内最大の公募美術展「第100回記念釧美展」では、作品の彫塑「想う」が最高賞に当たる「第100回記念賞」に選ばれました。女性の首像を制作し、自分や他人の人生への希望や願いなどを込めました。今後も会社を見守りながら、精力的に創作活動も展開する予定です。

（2017年10月号掲載）

株式会社オホーツク大地　取締役会長

笹川　和廣

ささがわ・かずひろ　1942年4月11日、サハリン出身。91年に務めていた会社が分社化し、独立。2013年1月から現在の取締役会長に

株式会社オホーツク大地　（オホーツク支部）

〒090-0838 北見市西三輪3-752-62
TEL（0157）36-0429
業務内容　土壌改良材、有機質肥料などの販売
設　　立　1992年法人化、93年に現社名へ
資 本 金　1,000万円
従業員数　20名

人生を「正々堂々」と

同友会はわが社育ての親

株式会社オホーツク大地　笹川 和廣

『人生は一度しかない。我々はその人生を正々堂々といきたい』――。土壌改良材などの販売を手掛けるオホーツク大地（本社・北見）の就業規則はこの一文から始まります。幼少期、偶然にも大事故から難を逃れることができた笹川和廣さんの思いが込められたもので、前文通り「誰に恥じることなく、何事も一生懸命に取り組んできました」とこれまでの人生を振り返ります。そして、その人生は多くの出会いがあり、「素晴らしい方々に恵まれ、人生哲学や経営を学ばせていただいた。ここまで会社を続けてこられてきたことに感謝の気持ちでいっぱいです」

笹川さんは1942年、サハリン（旧樺太）に生まれ、両親は林業を営んでいました。終戦を迎えると、ソ連軍の侵攻によりサハリンを追われ、着の身着のまま本土に向かう3隻の引き上げ船に乗ろうとしましたが、乗船することはできませんでした。

しかし、乗るはずだった3隻の船は留萌沖でソ連軍に撃沈され、多くの方々が亡くなったのです。「終戦時の混乱も重なって乗船できなかったのではないでしょうか。自分はこの年までよく生きてこられたな」と笹川さんは言います。

その後、一家は沼田町の山岳地帯に開拓農家として入植。小・中・高校時代を地元で過ごした後、長男の兄が家業を継いだため、4年制となった酪農学園大学の2期生として入学します。少しでも生活費を浮かそうと江別市大麻の酪農家に住み込み、牛や鶏の世話、水田作業を手伝いながら4年間を過ごしました。

大学卒業後の65年、輸入トラクターの代理店に入社。帯広、旭川エリアを中心に約13年間勤務し、多くの農協や農家を訪ね歩いたそうです。帯広に勤務していた時は、足寄、陸別など帯広から遠い町にもよく足を運び、「当時は国道も砂利道で、営業車は中古のほろジープでした。ほこりだらけになりながら走っていましたね」と懐かしそうに当時を振り返ります。仕事に没頭していた時期で「大変なことであっても苦労だと思ったことはなかった。ただ家族には迷惑を掛けたかもしれませんね」

そんな忙しい日々を送る笹川さんに、ある日転機が訪れます。旭川市内の不動産業者が『土壌改良材ゼオライト』を販売するという新聞広告を目にしたのです。「大した考えはなかったのですが、これだと思いました。そうしたらすぐに行動に移していましたね」と78年に転職。化学肥料により、地中微生物の活動バランスが崩れてきていることが問題視され始めた頃で、大学で土壌について学んでいたことも転職を後押ししたそうです。

ゼオライトの販売で全道を回るようになり、以前よりも家を空けることが多くなった笹川さん。仕事もうまくいかない日々が続き、ある時、ため息をついていると上司から「大変な目に遭っているのはわかる。しかし、ため息をついて問題は解決しない。かえって疲れることになる」と注意を受けます。「本当にその通りだと思った」と言うように、その忠告以後、笹川さんはため息をつかず、前向きな気持ちで仕事に取り組むようになり、今でもその忠告を胸に刻んでいるそうです。

49歳を迎えた91年、会社は旭川、北見、帯広の3地域に分社化し、北見の社長を笹川さんが務めることになります。その後、92年に法人化し、93年10月にオホーツク大地に名称変更。現在はゼネコンに勤務していた息子の啓行さんが社長を務めています。

「給料をもらうためではなく、皆さんに必要とされるうちは会長を続けることができたら。農家の皆さんをこれからも元気にしていきたい」――。一度しかない人生を笹川さんはこれからも土づくりにささげていく決意です。

同友会は92年1月に入会。岡嶋建設工業（北見）の岡嶋社長に「経営を学ぶことができる」と紹介されたのがきっかけでした。「会社の方針に従っただけで、自分から起業したわけではなく、経営に関してはまったくの素人」だった笹川さんは、毎週午後7時からの就業規則づくり・経営指針づくりグループに参加。2年ほどかかりましたが、社員のみならず役職員のための就業規則を作り上げ、理想の企業づくりを進めています。

2004年から12年まではオホーツク副支部長も歴任。「生みの親が企業の主力商品であるゼオライトならば、育ての親は中小企業家同友会。同友会がなかったら今の会社はない」と話し、啓行社長にも「何か困ったことがあったら、同友会で先輩方に相談しなさい」とアドバイスしているそうです。

（2018年1月号掲載）

関　幸夫

日本システム機器株式会社　顧問

せき・ゆきお　1946年7月8日、小樽市出身。手動計算機メーカーを経て、起業。2013年から顧問。

日本システム機器株式会社（札幌支部）

〒060-0031 札幌市中央区北1東8-1-3 片岡商事ビル5F
TEL（011）241-2631
業務内容　OA機器販売、ソフト開発、環境関連商品開発等
創　　業　1977年創業
資 本 金　1,000万円
従業員数　13名

出会いを生かし成長　他者との「連携」で道開く

「当社ではコンピューター事業を核に、環境や人に優しいさまざまな商品を開発してきましたが、これはいろいろな人と巡り会えたからこそできたことです。経営理念に掲げる〝一生の付き合いのできる集団〟となるべく、今後もまい進して行きます」

日本システム機器株式会社　関 幸夫

関さんは１９４６年、小樽に生まれます。父親は異動の多い国鉄職員で、後志管内を転勤して回りました。田舎に住むことも多く「自然の中で遊び、育った。環境に関心を持つベースになっている」と言います。小樽千秋高校（現・小樽工業高校）を卒業した65年、タイガー計算器（本社・東京）に入社します。当時、企業などに広く普及していた手動計算機のメーカーで、札幌支店に配属となり、メンテナンスをしながら全道各地を歩きました。「今は機械のメンテナンスと言えば、ブロックごと交換するのが主流ですが、当時は部品を一つ一つ点検し、悪い部分だけを見つけて交換していました。技術屋として鍛えられましたね」と振り返ります。起業の原点とも言える伝票発行機や計算機のプログラム作りにも携わっていきます。

手動計算機から電卓、そしてオフィスコンピューターの登場と時代が目まぐるしく変化していく中で、コンピューターへの関心が高まっていきました。会社の褒賞旅行で訪れたアメリカでは、開発中のスペースシャトルなどを見学し、コンピューター時代の到来を肌で感じました。

そして77年、30歳でOA機器販売、ソフト開発などを手掛ける日本システム機器を創業します。起業に当たり、メーカーから資本提携の打診もありましたが「自由な立場でお客さんに一番合っている商品を提供したい」と提携を受けず、独立系企業の道を選びました。

当時は事前にソフトをある程度作り、顧客に一度見てもらった上でコンピューター本体を購入してもらうのが慣例。価格も1台数百万円しました。このため「ソフトは作ったものの、代金をもらう前に相手先が倒産したことも。苦しい時があった」と言います。それでも持ち前の粘り強さと、82年に入会した同友会でコンピューター関連部会を立ち上げ、部会の仲間と切磋琢磨しながら会社を成長させていきました。

会社設立から20年ほど経ち、経営が軌道に乗った頃、関さんの考え方に変化が生じます。それまでは会社の規模拡大に注力していましたが「コンピューターはお客さんの会社経営にとって大切な要素。それを担っている私たちはお客さんと長く付き合えるよう、つぶれない会社にすることが一番」と方向転換します。

そこで「幅広い業種を対象にしていると、メンテナンスして回るだけでかなりの人数が必要。お客さんの細かなニーズにも応えられず、結果、サービス低下にもつながる」と考え、顧客の対象業種を絞り込み、より専門性を高めていく戦略をとります。また、どんな社会の変化にも順応できる力強い組織にしていこうと新たな事業の柱を模索。環境保全の重要性がクローズアップされていたことを踏まえ、96年に環境事業をスタートさせます。

最初に手掛けたのは砂場の除菌剤「サンドプラス」。動物の侵入やゴミの投棄などで衛生的に不安のあった砂場で、子供たちが安心して遊べるようにと考案しました。また、シックハウスの社会問題化を受け、稚内ケイ藻土を主原料とする塗り壁材「北のやすらぎ」も開発しました。高い調湿性を持ち、化学物質の吸着にも効果を発揮するもので、国内だけではなく、世界遺産の紫禁城（中国・北京市）の内部改修にも採用されるなど海外でも高い評価を得ています。

日本システム機器株式会社　関 幸夫

こうした環境に関する商品は大学や他社の研究所、異業種交流で知り合った仲間と共同開発してきました。「中小企業では研究機関を持っているところは少なく、単独では難しい。しかし、他と連携することで道は開けてくる」

２０１３年、長年苦楽を共にしてきた水野博之氏に社長を譲り、顧問に就きました。経営全般は水野社長に任せ、自身は環境部門の柱をより太くすべく、興味のアンテナを伸ばし走り続けています。

同友会では理事を２０００年から13年間務めたほか、産学官連携研究会（ＨｏＰＥ）の初代代表世話人をはじめ、さまざまな部会の発足に関わってきました。「必要だと思う部会があれば、みんなに声を掛け作ってきた。それを受け入れてくれるのが同友会の魅力」とし、現在、次の世代が同友会をさらに進化させながら会をけん引していることに目を細めています。

（２０１８年２月号掲載）

株式会社奥田　代表取締役社長

奥田　武彦

おくだ・たけひこ　1943年4月16日、横浜市出身。父の煎餅製造店を継ぎ、業態転換。

株式会社奥田（函館支部）

〒041-0824　函館市西桔梗町589-316
TEL（0138）49-8511
本社・五所川原市、函館市に支店
業務内容　ダイドードリンコ特約店として自動販売機で飲料販売
創　　業　1951年創業
資 本 金　2,000万円
従業員数　25名

人とのつながり大切　ナンバーワンの自販機を

「50年にわたって会社経営に携わってきましたが、社会、人とのつながりが本当に大切だと思います。これからも時代の流れ、環境に適応していけるよう精進していきます」

株式会社奥田　奥田 武彦

奥田さんは1943年、父親の転勤先だった横浜市で生まれます。戦後の混沌とした時代を生き抜くため、一家は51年、知人のつてで青森県の木造町（現在のつがる市）に移住し、煎餅製造を始めます。終戦間もない、物の無い時代ということも手伝い商売は順調でした。しかし、父親が病に倒れ、62年3月、青森商業高校を卒業すると同時に店を手伝い始めます。売り上げはまずまずでしたが、奥田さんは「最大製造能力は決まっているのだから、3日分の商品を1日で売り、空いた時間で別のことができないだろうか」と発想します。それまでは自転車やスクーターで売り先を回っていましたが、これをトラックに切り替えることで実現します。

販売方法の転換で生まれた時間を使い、63年に始めたのが流通菓子卸です。時代は高度経済成長期。チョコレートやガムなど市場に出回るお菓子の種類が増えていました。煎餅製造はそのままに、卸事業が加わることで経営に厚みが出ます。数年後には郊外から駅前に店を移転させるほど、右肩上がりで成長。参入から3年ほどで卸業一本に絞り込みます。

84年に父親が亡くなり、社長に就きますが、当時の卸業界は構造変化の波にさらされていました。地場スーパーが続々と誕生し、小さな小売店の淘汰が始まったのです。スーパーには1次卸のような大きな会社が商品を供給。小さな商店を得意先としていた2次、3次卸は苦境に立たされました。同社は2次卸でした。

そこで、大規模な体制の見直しを決意。同社は約１６００の商品を扱っていましたが、売れ筋の８００アイテムに厳選。これにより倉庫管理の担当者が少なくても済むようになり、商品の回転率も上がりました。営業部門では取引先の減少を承知の上で担当者を減らします。「３００社あった取引先が２００社まで減ることを覚悟していました。いざ、ふたを開けてみると売り上げの少ない50社を失うにとどまり、97％の売り上げを維持できました」と言います。

配送部門でも午前に小口顧客、午後に大口顧客と効率的なダイヤを組み、トラックの台数を削減。小さな商店ではお客の来ない暇な時間帯に商品が届くということで重宝されたほか、結果、配送時間の短縮にもつながりました。こうした取り組みが有機的に結び付き、見事、V字回復を果たします。

同時期の87年、飲料メーカーのダイドードリンコと特約店契約を結びます。ダイドーが自動販売機での飲料販売に本腰を入れ始めた頃で、青森県への進出を図っていました。自販機の専従担当者を配置する必要があるなど参入条件は厳しく、どの会社も手をこまねく中、奥田さんは即決します。業界新聞の記事でダイドー商品の良さを知っていたからです。この判断が後の経営に生きていきます。

一方、本業は飛躍の時を迎えていました。県内でも指折りの規模に成長していた同社の噂を聞きつけ、三菱食品から業務提携の話が舞い込んだのです。94年に提携してからは1次卸の位置付けとなり、ドラッグストアーやスーパーをはじめ大口の小売店が主要な取引先となります。併せて本社を五所川原市に移転。大規模な配送センターを2カ所設けるなど業容は拡大し、商圏は青森県にとどまらず、秋田、岩手、山形県まで広がっていました。

しかし、業界に変革の波が押し寄せてきました。全国展開するコンビニエンスストト

株式会社奥田　奥田 武彦

アや総合スーパーが青森に出店し、全国ネットの問屋も台頭し始めます。激しい競争を続けていては会社が消耗すると考え、飲料事業が堅調だったこともあり、２０１３年、将来を見通して卸事業に幕を下ろします。現在、自販機によるダイドー商品の販路拡大に努めている同社。青森県のほぼ全域を網羅し、青森は息子さんに任せ、04年からは函館支店を設けて渡島桧山地区の開拓に自ら乗り出しています。

「ナンバーワンの自販機をつくりたい」と奥田さん。そのためには「きれいに磨かれたクリーンな機械で、お客さんが欲しいと思う商品が常に入っていること、明るいあいさつも必要。お店づくりと同じですね」と熱っぽく語ります。

同友会には08年に入会し、一貫して経営指針研究会に所属。それまでは書籍など独学で経営を学んでいたため「刺激と発見の連続。まだまだ学びたい」と意欲は増すばかりです。

（２０１８年３月号掲載）

農業生産法人有限会社北海ファーム三和　取締役会長

早苗　諭

さなえ・さとし　1945年1月3日、芽室町出身。父の畑を受け継ぎ、畑野菜複合経営・野菜産直販売を開始。2010年から現職。

農業生産法人有限会社北海ファーム三和（とかち支部）

〒082-0071　河西郡芽室町新生南4線18
TEL（0155）62-1247
業務内容　農産物の生産・販売・加工
設　　立　1989年3月設立
資 本 金　1,000万円
従業員数　8名

おいしい野菜届ける

共に繁栄目指す農業経営

68ヘクタールの畑から生産されるジャガイモやタマネギ、大根、グリーンアスパラガス、ブロッコリー、キャベツなどを首都圏などのスーパーや全国の顧客に直送。「本当においしいと言われる品を送りたい。いい出会いがあり、お客様と働く人に支えられてここまでやってこられた。そうしたつながりをこれからも大切にしていきたい」と話します。

農業生産法人有限会社北海ファーム三和　早苗 諭

芽室町で生まれ、江別市にある酪農学園の野幌機農高校（当時）を卒業し、戻ってきました。生家は養鶏や養豚、畑と小家畜を手掛けていたといいますが、離農畑地を手に入れるようになり、畑作に切り替えました。1970年ごろのことです。

今では生産農家から消費者に野菜をそのまま届ける産地直送や、道の駅や地元スーパーでの直接販売も当たり前になりましたが、当時は仲卸など中間業者を通じての流通が一般的。しかし、その中間業者のせいで4000万円の不渡り手形をつかむことに。

「文句を言っても相手の方が上手。農家はだまされやすい。勉強不足。もう少し勉強しないと」

周りに迷惑を掛けないためにも取引先のことを知り、自分の仕事をきちんと伝えなければならない。それには商売のイロハを学びたい、という気持ちが高まり、同友会への入会を決めました。79年のことです。

同じ頃、町内に食品製造工場を持つ本州大手企業の担当者から、首都圏で店舗展開するスーパー三和との取引を紹介されました。

「あまり乗り気ではなかったのですが、空港での別れ際に握手をしたときの手のぬくもりに、どこか思いが通じるものを感じ、やろうという気になりました」

こうして早苗さんの野菜は首都圏に。初めは1トン、2トンと少ない量から出荷。取引が増えると、畑も忙しくなるためスーパー三和から種のまき付けや収穫の応援が来るように。自宅に泊まり、農作業を2人一組で10日間ほど手掛けます。その作業の様子はチラシに写真を載せて来店客にアピール。早苗さんたちもスーパーの新規開店では手伝いに行くことも。

「こうした付き合いを長く続けてきました。中間業者への授業料は高かったけれども、今から思えばいい経験。買ってくれる人、売る人、それぞれお互いに誠意があればつながる。自分だけがもうけようと思ったら長続きはしない」

北海ファーム三和は、スーパー三和と励まし合いながら業容を拡大。知りあい、学びあい、援けあい、共に繁栄を目指すという同友会の活動精神を形にしてきました。

このほかにもFAXの注文で取引する顧客が全国に2000人ほど。首都圏を中心に、遠くは九州にも。親子3代にわたって「おいしい。また食べたい」と言ってくれたり、お礼状を書いてくれたり、わざわざ畑に足を運んでくれる人もいます。早苗さんの野菜には人の心に届く何かがあるようです。

畑の面積が今ほど広くなかった時代はシシトウやメロンなど幅広い作物を手掛け、農閑期には自動車教習所などで働いたり。しかし、栽培面積が広がるとそうはいきません。耕し、種をまき、施肥をし、と後戻りできないのが農作業。天候を見ながら育ちつつある作物とその日の手間を相談する、いわば「一期一会」の仕事です。無駄を省き、畑の広さに見合った経営体系を目指し、現在は消費者がいつも手にするようなタマネギやジャガイモといった品目に絞り込みました。従業員も根気よく、仕事ぶりが丁寧な女性や外国人実習生を活用します。作業のこつを分かりやすく伝え、効率よくマネジメントすることを心掛けてきました。

同友会とかち支部では、89年に発足した農業経営部会の初代部会長を務めました。ガット・ウルグアイラウンドで農産物の貿易自由化に揺れたこの時期、当時の沢本松市支部長が、国内有数の食糧基地である十勝において、時代の変化に対応できる農業経営の勉強を目指そうと、早苗さんに白羽の矢を立てたのです。

「互いに学び合い、自立した農業経営を目指してきました。幕張メッセで講演する機会があったり、全国といろいろなつながりができました」と振り返ります。生産者と消費者をつなげるために始めた収穫感謝祭は昨年、28回目を迎えました。

中学時代、教訓だった「計画、実行、反省」がそのまま人生訓になっているといいます。今でいうＰＤＣＡサイクル。「悪い言葉ではないな、と思いずっと心掛けてきました。反省することも多いですが」と笑います。

（2018年4月号掲載）

社会福祉法人後志報恩会　理事長

山﨑　忠顯

やまざき・ただあき　1943年1月2日、釧路市出身。札幌市職員を経て、知的障害者福祉に従事。2007年から現職。特技・柔道(5段)

社会福祉法人後志報恩会　(しりべし・小樽支部)

〒047-0156 小樽市桜4-6-2
TEL(0134)51-5217
主たる事務所・仁木町
業務内容　障害者支援施設運営
独　　立　札幌報恩会を母体とし、1989年に独立
従業員数　307名

知的障害者と笑顔に

地道な一歩が未来を創る

「先日、著名な社会福祉研究者である立教大学の平野方紹教授が和光学園を訪れ、利用者の笑顔が素晴らしいと褒めてくれました。知的障害者が心から笑顔になれる地域社会をつくりたいと、この50年間歩み続けてきました。本当に嬉しかったですね」

社会福祉法人後志報恩会　山﨑 忠顯

山﨑さんは1943年、5人兄弟の次男として釧路市で生まれます。父親は転勤の多い警察官。幼少期は道内各地を転々として暮らしました。中央大学法学部に進み、就職に当たっては「幅広い経験を積める仕事に就こう」と考え、札幌市役所に勤務します。

配属先は福祉事務所。生活保護のカウンセリングや非行少年のケア、保育所、母子寮の利用相談などを担う部署です。ここで、その後の人生に大きな影響を与えることになる野村健さんと出会います。野村さんは10歳年上の先輩職員。ノミがとんでいるような家でも、出されたお茶を飲みながら相手に寄り添って話を聞く、福祉に対して強い信念を持つ人物でした。

その野村さんからある日「余市の向こうに障害者の施設をつくろうと思っている。一緒に来てくれないか」と誘われます。山﨑さんは「この人は弱者の立場で、真剣になって考える人。信頼できると思っていた」ことからパートナーになることを即決します。自分自身も仕事を通じ、世の中に困っている人がいることを身をもって知っていました。反対する親を説得し27歳で市役所を退職。新たな船出を迎えます。

１９７０年、２人は社会福祉法人札幌報恩会（本部・札幌、１９１８年創設）の１施設として、仁木町銀山地区に成人した知的障害者の入所施設「銀山学園」を開設します。「障害が重く家庭での生活が難しい」「非行もあり行くところがない」など、さまざまな事情から定員を大きく上回る入所希望があり、職員もすぐに集まりました。

一方、資金繰りには苦労します。施設整備などに億を超える借り入れがあり「何度も請求書が舞う夢を見た」とも。しかし、当時の銀山農協や仁木町の支援で乗り切ります。事業の一環として養豚を行っていましたが、これには多額の飼料代が必要。「農協では飼料代を3年間待ってくれたのです。こうした協力があったことで何とか過ごせました」と振り返ります。

開設から数年は入所者の無断外出が悩みの種。ついには町内のドライブインに忍び込む事件も発生します。「なぜ外に出たいのか」と考えた時、職員もたまに人里離れた学園から銀山の町に下り、人家の明かりを見てほっとすることを思い出します。出たいのは当たり前。法人の理念として「地域社会にこそ人間の幸せがある」と掲げた瞬間です。そこで、職員の家庭に入所者を招く「家庭訪問」を始めます。家庭訪問を続けるうちに無断外出する人はいなくなりました。やがて郵便局員や駅員、農家と取り組みに協力する人々の輪が広がっていきます。

71年に銀山学園の定員を2倍に増やし、84年には中高年を迎えた人の受け皿として仁木町内に大江学園を設立。89年、法人の経営基盤が整ったことを受け「後志報恩会」として独立しました。

90年には小樽市にある道立和光学園が移管されます。障害の有無にかかわらず、地域で共に暮らすという法人の姿勢に、道が「今後の障害福祉を体現している」と共感したのです。園長として赴任した山﨑さんは、いくつもの新しい試みに挑みます。その1つがガラス工芸。高温の炉やガラスを扱うため、危険性を指摘する声もありましたが「簡単に諦めては知的障害者の可能性を狭めてしまう」と周囲を説得。職員が1年間かけてガラスのイロハを学び、細心の注意を払うことで実現しました。

同友会には96年に入会しました。和光学園が道立施設だったこともあり「小樽のまちにうまく溶け込んでいないのでは」と感じたためです。「おかげで地域との関係構築が進んだ」と語り、所属するしりべし・小樽支部では障害者雇用に真剣に向き合う土壌が育まれつつあります。

30年ほど前までは、知的障害者施設の建設反対運動が起きるなど、知的障害に対する偏見が大きかったのが実態。山﨑さんは「その時代からすると、確かに良い方向に変わってきましたが、変わっていない部分も多い」と見つめます。

和光学園では障害者と健常者の小学生が共に作業に汗を流し、食事しながら交流を図ることを続けてきました。「子供たちは障害の有る無しにかかわらず一緒に楽しんでいる」と目を細め、こうした「地道な一歩一歩が未来を形作っていく」と信じています。

（2018年5月号掲載）

株式会社中山工務店　代表取締役
中山　雄三

なかやま・ゆうぞう　1948年4月14日、壮瞥町出身。東京で会社員生活を送った後、有珠山噴火を機に帰郷。94年から現職。

株式会社中山工務店　（西胆振支部）

〒052-0101　有珠郡壮瞥町字滝之町286-22
TEL(0142)66-2038
業務内容　新築住宅、増改築、在宅介護リフォームなどを手掛ける
創　　業　1952年に創業
資 本 金　1,000万円
従業員数　4名

高齢化に立ち向かう

建築の専門家として協力

「派手な町ではなく、バブルが来たということもありません。小さな仕事を一つ一つ積み重ねて今に至ります。これからも建築の専門家として地域に貢献していきたいですね」

株式会社中山工務店　中山 雄三

中山さんは1948年、壮瞥町に生まれます。父は全道展開している建設会社に勤めた後、52年に弟2人と壮瞥町内に建築会社の中山製作所を創業。ものづくりの現場を身近に育ちました。そうした環境も手伝い、大学は千葉工業大学に進み、金属工学を学びます。

卒業を控え、進路を考えていた時、大学のOBから「いつか故郷に帰るのなら、大きな会社に勤めて歯車の一つになるより、小さな会社でいろいろなことを見聞きした方が良いのでは」とアドバイスを受けます。中山さんは兄を早くに亡くしていて、いずれは帰郷することを考えていました。そこで、就職先に選んだのは東京都内の小さな水処理会社。大学の卒論で、工場から排出される銅を含んだ水酸化物から、粗銅を取り出すことをテーマに据えていたことも後押ししました。

従業員5人の会社でしたが、社長がシアンの分解に関する特許を持っているなど、技術力のある会社。関東を中心に遠くは長野県まで、相手先も町工場から自動車メーカー工場、ロケットエンジン工場と多種多様で「普通なら入ることも、見ることもできないものに触れることができ勉強になった」と振り返ります。

充実した会社員生活に転機をもたらしたのは、77年から78年にかけて起きた有珠山の噴火です。テレビニュースでは噴煙が高々と上る様子が映し出され、不安が募ります。年を重ねた親の様子も気に掛かっていたことから、78年3月に帰郷します。

噴火の沈静後も10年ほどは、地元では建築の仕事はほとんどなかったといいます。土地の形状が大きく変化して境界が不明となり、土地売買ができなかったためです。観光資源の温泉にも客が来ず、経済は冷え込みました。公営住宅の修繕など小さな仕事を積み重ねながら、再興の時をうかがいます。

会社の将来を考える中、中山さんは建築工事に関わる資格の取得を重要視します。「昔は腕が良ければ仕事があった。しかし、施工に関する法律が変わり、資格者がいなければ入札にすら参加できない時代」を迎えていました。従業員を札幌の講習会まで送り出して資格の取得に努め、そのかいもあって役場発注の新築工事を徐々に請け負うようになっていきます。

技術力向上にも余念がありません。昭和50年代前半までは断熱工法などが確立されておらず、住宅産業はクレーム産業といわれたほど。「どこかで工法の勉強会があると聞けば、時間を惜しまずに足を運んだ」と懐かしみます。

また、親戚の縁で札幌のハウスメーカーの下請け工事があったことも会社の支えとなりました。景気が良かった昭和60年前後、鉄鋼メーカーに勤める人たちが室蘭市や登別市でマイホームを新築し始めました。「札幌の会社ということで断熱技術などが進んでいて、施工技術も学ぶことができ、会社の成長につながった」

94年の社長就任を機に職人を給料制としました。建設業界では職人は日給月給が一般的。仕事が多い夏場は収入が多いものの、仕事がない冬場は実入りが減ります。会社も同様。しかし「職人、その家族が安心して生活できるように」との思いが駆り立てました。

日本が直面している人口減少、高齢化は地方ほど深刻です。壮瞥町では人口は最盛期の約3分の1となり、高齢化率は4割近くに達しています。

中山さんは、町の高齢者福祉、介護保険計画に関する委員会の委員長を務めるなど、こうした問題に向き合っています。国の政策で在宅介護が推進されている中、2級ホームヘルパーや福祉用具の専門相談員の資格も取得し、その知識を在宅介護リフォームに生かしています。

「年齢とともに自分のできる範囲は決まってくる」としながらも、町が掲げる『いつまでも自分らしく明るく元気で暮らせるまちづくり』の実現に向け、「建築の専門家として協力していきたい」と話す横顔には意欲がみなぎります。

同友会には89年、建設業界の仲間から「垣根を越えて情報共有し、育っている会がある」と紹介を受けて入会しました。例会などで報告される経営者の体験談に「話せるようになるまでどれだけ苦労し、泣いたか」と思いを巡らせながら耳を傾け、「いろいろな話が自分を育ててくれている」と実感しています。

（2018年6月号掲載）

株式会社中山工務店　中山 雄三

株式会社どうしん厚別販売センター　取締役会長

熊　敏彦

くま・としひこ　1942年11月26日、札幌市出身。新聞販売店勤務を経て創業。13年から現職。

株式会社どうしん厚別販売センター　（札幌支部）

〒004-0074 札幌市厚別区厚別北4-4-1-1
TEL（011）894-1822
業務内容　各種新聞販売、保険代理店など
創　　業　1979年に創業
資 本 金　1,000万円
従業員数　社員10名、パート102名

オンリーワン目指す

読者の裾野広げる活動を

「オンリーワンという言葉がありますが、世の中が目まぐるしく変化する中で必要な会社、仕事と認められるところは残っていくと思います。そのために何をすべきか日々、考えています」

株式会社どうしん厚別販売センター　熊 敏彦

1942年、札幌に生まれた熊さん。生業としている新聞との関わりは今から約60年前、中学2年生で始めた新聞配達のアルバイトにさかのぼります。小遣い稼ぎと体力づくりが同時にできると考えて始めたアルバイト。次第に働く喜びや意義を肌で学んでいきます。「よく〝傍を楽にする〟から働くと言われますが、配達先の人からありがとうと言われるのが嬉しくて。誰かの役に立っていると実感しましたね」と懐かしみます。高校卒業まで札幌市西区の琴似にあった北海道新聞の販売店でアルバイトし、そのまま入社しました。

就職した当時は高度経済成長期の真っただ中。人口増加、住宅建設ラッシュなどに伴い、新聞購読も伸びていました。「家が建てば新聞を勧めに行くのですが、お客さんが家にいなければ始まりません。そこで、冬であれば煙突からストーブの煙が出ていたら在宅中だなとか、いかに効率良く面談できるか工夫していました」

30代に入り仕事に脂が乗ってきた頃、転機が訪れます。北海道新聞が１００％出資する道新販売センターの設立メンバーとして声が掛かりました。このセンターは新聞販売店であると同時に、販売店経営者を養成する役割を担っていました。77年に同社に転職し、営業部長の立場で経営のノウハウを伝授していきます。

センターに移り2年が経とうとした時、厚別区内の販売店が江別市に移ることになり、跡を継がないかと誘いが来ます。それまで経営者になることは考えたことがありませんでしたが、地下鉄が新札幌まで伸ばされることなどを踏まえ「将来的に発展する地域」と独立を決意。79年6月、36歳で創業します。

以降、それまでの経験や柔軟な発想で経営を軌道に乗せていきます。携帯電話がない時代に、急な依頼にも対応できるよう無線機を導入。また、自社でチラシ作成を行い、前日の午前中までに広告原稿があれば、翌日の朝刊に折り込むサービスを提供し、地元の店に大変喜ばれます。

また「この仕事は地域にどれだけ密着しているかが重要」とし、地域・社会貢献活動に力を入れていきます。85年から毎月、無料のミニコミ紙を発行。学校の運動会や町内会行事、少年野球大会と地域のニュースを掲載し、記事ネタの提供や取材を通して地域との絆を深めていきます。同社単独で始めた取り組みでしたが、今では厚別区内すべての道新販売店と共同で発行し、間もなく400号を迎えます。

1996年には3階建てのイベントホールも建設しました。宅地開発により家が建ち、居住人口が増える一方、地域の人が集まれるような行政のホールが不足していたためです。文化教室やコンサートの会場などとして親しまれています。

長い経営者人生のうちには苦労もありました。社員が増える中、能力を発揮できる人、できない人との間で軋轢が生まれてきたのです。「きちんと見ているつもりでも、知らないところで不平不満があるもの。経営理念をもう一度理解してもらい、そしてチームワークが育まれるよう、膝をつき合わせて話しました」

後継者を育てるには10年かかると考え、13年に社長を息子に任せ、自身は会長として支援に回っています。

同友会には84年に入会。理事や札幌支部幹事、白石・厚別地区会長などを務めてきました。「同友会に入ったおかげで社員教育、経営理念作成の必要性などを学ぶことができ、会社を形作れた」と振り返ります。

その経営理念は社員から意見を募ってまとめ、時代に合わせて見直しているほか「会社を理解してもらうと同時に、自分たちも理念に沿って仕事ができるよう心掛けるため、名刺に書いたりして、お客さんにも知ってもらうようにしています」

若者を中心に新聞離れが進んでいる昨今。熊さんは、社員と一緒に地下鉄に乗り、一斉に新聞を広げて読むといったパフォーマンスを試みるなど、読者の裾野を広げる活動に取り組んでいます。

「新聞記事は記者がきちんと調べ、裏を取って書いたもので、信頼できる。そうした活字には訴える力があり、読者もそれを読み取ることで力が増す」と語る横顔は、信念に満ちています。

（2018年7月号掲載）

株式会社ダイヤ硝子店　代表取締役

野呂　宏子

のろ・ひろこ　1942年3月31日、満州生まれ。夫の後を継ぎ、86年から現職。

株式会社ダイヤ硝子店（道北あさひかわ支部）

〒076-0031 富良野市本町10-5
TEL（0167）22-3668
業務内容　サッシ工事、ガラス工事、室内建具、風除室工事、各種網戸など
創　　業　1967年に創業
資 本 金　1,000万円
従業員数　3名

夫の信頼と技術継ぐ　地域を支える商品開発も

「主人は技術と信頼だけは残していってくれました。それが実ってなのか、おかげさまで地域の人に当てにされ、ここまで会社を続けてくることができました」

株式会社ダイヤ硝子店　野呂 宏子

１９４２年、満州に生まれた野呂さんは戦争の激化を受け、３歳の時に母の実家があった美瑛町に移り住みます。実家は水田や畑作を営むほか、牛、馬、羊も飼育。豊かな自然が遊び場でした。

幼い頃から運動が得意で、旭川西高校に進学してからはバレーボールに熱中します。同校は全国大会常連の強豪校。厳しい練習に耐え、１年生から試合に出場し、チームの要であるアタッカーを任されていました。高校卒業後は美瑛の農協に勤めます。

結婚を機に68年、富良野市に移ります。夫の政夫さんは前年、富良野でサッシ工事やガラス工事といった窓全般を取り扱う、ダイヤ硝子店を創業していました。建築会社に勤務していた経験から「これからはガラスの需要が大きく伸びる」と展望し、会社を起こしたのです。

読みは当たります。アルミサッシが普及し始めた頃で「回りきれないほど仕事がありました。当時、富良野にはガラスの専門店がなく、主人は現場で取り付けることができる職人だったこともあって、とても重宝されていたようです」と振り返ります。

初めは電話での注文受けをしていた野呂さんも、忙しい様子を見て作業を手伝うようになっていきます。サッシはメーカーから部品の状態で運ばれてくるため、自分たちで組み立てる必要があります。「それまでガラスを切ったこともありません。見よう見まねで始めました。夜のうちに私がガラスを切り、サッシを組み立てておいて、翌朝早くに主人が現場へ配達に行く。そうした役割分担ができましたね」

夫婦二人三脚の頑張りで経営はすぐに軌道に乗り、74年に自前の社屋を新築。創業から10年ほどで社員を雇うまでに成長しました。雇用に当たっては「安定した暮らしで社員の家族を安心させてあげたい」と考え、早い時期から通年雇用を導入します。

幸せな日々を突然の悲劇が襲います。86年2月、政夫さんが若者の無謀運転に巻き込まれ、亡くなったのです。当時、長男はまだ高校1年生。計り知れない喪失感に包まれました。

会社を存続できるのか。悩む日々の中で、2人いた社員から「会社を続けましょう」と背中を押されます。「既に手を掛けていた仕事があり、その仕事を納めなければお客さんに申し訳ないと思っていました。そして、その2人は20代と若く、職人で技術を持っていたので3人でやっていくことを決意できました」

会社を引き継いでから数年は「何をやっていたのか思い出せない」ほど必死でした。しかし、苦労は実を結び、途切れなく仕事の依頼が舞い込むようになっていきます。それを実現したのは夫から受け継いだ思い。「信用が第一だから、誠意を持ち、誠実な仕事をしようと言い続けてきました。主人は技術と信頼で売っていました。うちにはそこしかありません」と言い切ります。

創業から50年がたち、窓も変わってきました。「今は断熱性能が追求され、全て樹脂サッシ。2重ガラスどころか3重ガラスも出ています。新商品が発売されるサイクルも早くなっていて、お客さんに良い提案をするためにも勉強の毎日」と語ります。

同友会には97年に入会しました。野呂さんと同じく、亡くなった夫から会社を引き継いだ女性経営者に誘われたことがきっかけです。女性部会「野花の会」に入るほか、2009年から15年には富良野地区会幹事も務めました。「同友会に入り、何人もの女性社長に出会えたことは財産。彼女たちと会うと自分も頑張ろうという気持ちになれる」と言います。

日本全体を覆っている少子高齢化、人口減少問題は地方ほど深刻です。富良野の人口は最盛期の65年に約3万6000人を数えましたが、約2万2000人まで減少しています。

富良野商工会議所の工業部会に所属し、最近は帯広商工会議所との共同商品開発に携わっている野呂さん。「アイデア出しの段階ですが、富良野と帯広はうまい具合に産品が異なっていて、どんな商品が生まれるか楽しみ」とし、「富良野はおかげさまで知名度があり、最近は外国人をはじめとする観光客の増加で良い風が吹いています。商品開発がより良い風を吹き込む一助になれば」と話す目に若々しさが宿っています。

（2018年8月号掲載）

株式会社ダイヤ硝子店　野呂 宏子

矢野通信電設株式会社　代表取締役

矢野　嘉一

やの・よしかず　1947年5月6日、砂川町生まれ。大学卒業後、商工会議所勤務を経て入社。87年から現職。

矢野通信電設株式会社（苫小牧支部）

〒053-0832　苫小牧市桜木町4-7-9
TEL(0144)72-2111
業務内容　電話工事、通信機器販売など
創　　業　1961年に創業、70年に法人化
資 本 金　1,000万円
従業員数　2名

築いた人脈が財産に

経営環境の激変乗り越え

「電話工事屋として創業から約60年になります。時代の流れの中で経営環境は大きく変わりましたが、会社の看板を下ろさずにやってこられたのは、仕事を手伝ってくれる仲間がいたからです」

矢野通信電設株式会社　矢野 嘉一

矢野さんは1947年、砂川で生まれます。父親の仕事の関係で移り住んだ美唄で高校まで過ごした後、関東学院大学に進学。大学で学んだ経済の知識を生かし、卒業後は岩見沢商工会議所で働き始めます。経営指導員という立場で企業を回りますが「学校を出たばかりの若者が社長たちに指導していた訳で、思い出すだけで冷や汗が出る」と笑います。

仕事が板につき始めた頃、転機が訪れます。父の恒夫さんから仕事を手伝ってほしいと声が掛かりました。恒夫さんは61年に「これからは電話が伸びる時代」と考え、美唄で電話工事を手掛ける矢野電気商会（現・矢野通信電設）を創業。電話の普及に伴い、札幌や苫小牧でも仕事を請け負うようになり、苫小牧の管理者として白羽の矢が立ったのです。

恒夫さんは菓子職人や宮大工など、自分の腕一本で人生を切り開いてきた人物。母は生活の足しにと文房具や化粧品、小間物を扱う店を営み、矢野さんも子どもの頃から店を手伝っていました。「商売人としての父と母の後ろ姿を見て育った」ことから迷いはなく、74年に入社します。

当時、電電公社では電話の拡充や通話サービスの向上を図るため、全国的に集中投資を行っており、加えて、苫小牧は工業都市として発展を遂げている真っただ中。

「1日に10件だった仕事が翌年には1日20件、さらには30件といった具合に増えていった」と振り返ります。自身も電話工事の技術を身に付けるため、常務という肩書きも関係なく、先輩に必死に食らいついて学んでいきました。

当初は、電話線を電柱から住宅などに引き込む宅内工事を主としていましたが、同社の仕事ぶりが認められ、電柱を立てて電話線を張る線路工事や電話線同士をつなぐ接続工事、通話試験まで担うようになっていきます。最盛期には約70人の社員を抱えるまでに成長。76年に本社を苫小牧に移し、地元企業として根を張ります。

しかし、電電公社が85年にＮＴＴとなって以降、状況が一変します。民営化により生産性の向上が必要となり、下請けに出していた工事をＮＴＴ自らが行うようになります。下請けに出る工事も利益率の低いものが中心で、業績は急速に悪化します。

「このままでは社員が路頭に迷うことになる」と考え、社員や下請け業者をＮＴＴの関連会社などに引き継いでもらう道筋をつけた上で、NTTの仕事から手を引くことを決断。87年、父子だけの会社として新たなスタートを切り、同時に社長に就任します。

以後、通信自由化で誕生した新電電関連の電話工事、ビジネスフォンやFAXといった通信機器の販売、通信サービス提供の3つを柱に据えて事業展開してきました。長年、苫小牧で仕事を続けてきたことが実を結び「特段営業して回ることはないものの、電話の調子が悪くなったので見てほしい、工場を増築したので電話を増やしたいなど、それまでの人とのつながり、信用で仕事が入ってきた」と言います。

また、ネットワーク社会に切り替わったことで仕事の発注単位が大きくなり、全国レベルの大口契約に結び付く時代になったことも後押ししました。

そして「何よりも接続工事、線路工事にしても、その道に精通した人たちに協力してもらえる環境にあったことが大きい。それは電電公社時代に築いた人脈」

矢野通信電設株式会社　矢野 嘉一

昨今は、あらゆる業界で人材育成が課題となっています。「技術というものは仕事があって、それを毎日繰り返し、訓練することで身に付くもの。しかし、今の時代は仕事が少なく、企業も利益が上がっていないので、一人前になるまで資本投下できる環境にない」と技術の空洞化を危惧しています。

同友会には、社長就任と同じ年の87年に入会しました。会社の在り方を模索する中で、自ら門をたたきました。

92年から支部幹事を務め、同友会をよく知っていますが、最近の若手会員たちの真剣さに目を見張っています。「昔は町中が潤い、来る仕事を一生懸命頑張ることで経営が成り立っていた部分がある。しかし、今の若い経営者たちは経営を学ばないと食べていけないという切実な状況にあり、同友会でよく勉強している。最近は若い人に学ばせてもらっている」と語っています。

（2018年9月号掲載）

今野　慎也

有限会社今野電工　代表取締役

こんの・しんや　1947年11月5日、清里町生まれ。サラリーマン生活を経て、90年4月から現職

有限会社今野電工　（くしろ支部）

〒086-1035 標津郡中標津町東35南2-13
TEL（0153）72-6188
業務内容　建物一般の付帯電気設備工事など
創　　業　1990年に創業
資 本 金　500万円
従業員数　3名

小企業は経済の基盤　地元に根差した条例実現

「中標津の中小企業を良くするためには、本州や札幌とは違う、地域に根差した条例の整備が必要と考えました。域内のお金を回し合うにはどうしたらいいかを仲間といろいろ話し合っていたあの頃は、毎日が楽しかった」

有限会社今野電工　今野 慎也

今野さんは1947年、清里町緑に生まれます。父が木工場でのこぎりの目立て職人として働いていた関係でその後釧路市に転居。機械に興味があったので、進学先は釧路工業高校機械科を志望していました。ところが中学の恩師には、当時、より偏差値の高かった電気科を強く勧められます。結果として、これが現在へとつながる最初の転機となりました。

66年に卒業し、同級生の実家が経営していた高部電気（本社・中標津）に入社。木造住宅の電気設備工事などに携わりました。中標津周辺は今のように電気があって当たり前の時代ではなく、住宅が完成するたびに「きれいだね」「明るくていいね」と施主から喜ばれたのだとか。今野さんは、これが若い頃の原動力になったと振り返ります。

その後、拠点を移した札幌では「中標津では経験できなかった鉄筋コンクリート造の大規模な現場が多く、刺激を受けた」そう。ちょうど国内初の冬季五輪開催を目前に控え、建設ラッシュに沸いていた時代でした。この時期に結婚もしています。2年が過ぎたころ再び前社から声が掛かり、釧根管内に戻ることになりました。

札幌での経験も踏まえてこれまで以上に活躍。在籍中、同社が加入していた同友会の活動に出席する立場にもなります。これが同友会との出会いでした。この頃、釧路から中標津へ両親も呼び寄せています。

有限会社今野電工　今野 慎也

独立したのは90年4月、自身が42歳の時。「いつかは自分で会社を持ち、地域の役に立つ電気屋になりたい」という夢を実現するためでした。前の会社でなじみがあった同友会には翌年加入しました。経営の先輩たちとの接点が持てること、「飲みニケーション」を通じていろいろな話を聞けることが同友会の大きな財産だといいます。

同友会では2004年4月から4年間、中標津町、別海町、標津町、羅臼町をエリアとする南しれとこ支部の支部長を務めました。この時代の思い出は、なんと言っても中小企業振興基本条例制定に向けて活動したこと。05年の同友会全道総会で、活動方針に中小企業憲章・中小企業振興基本条例制定運動強化が盛り込まれたことが契機になりました。

支部の幹事会に諮り、エリアの中核である中標津町に条例制定を求めることが決定。その際、「札幌で考えられた仕組みは、経済構造も規模も違う中標津にはなじまない」と考えました。小企業こそ地域の経済や雇用を支える基盤であり、行政を交えて地域に根差した経済活動を展開しようというヨーロッパ小企業憲章の趣旨からヒントを得て、使い勝手の良い補助金や制度の創設など環境整備や、地域のお金を地域内で循環させることを目指す条例の必要性を訴えたのです。

もちろん、すんなりと進んだわけではありません。初めて町に申し入れたときは、相手にされませんでした。しかし、当時理事を務めていた中標津町商工会とも力を合わせて粘り強く活動を続けたことが、町長交代もあって町を動かします。条例施行は10年4月のことでした。この間、別海町内の支部会員で組織する別海地区会も別海町に条例制定を働き掛け、こちらは1年早く施行にこぎ着けました。

16年4月に釧路、南しれとこ、根室の3支部が統合され、くしろ支部となってからは、同支部南しれとこ地区会幹事を務めています。

有限会社今野電工　今野 慎也

「人・住まい・街をゆたかに」をスローガンに掲げる同社は、建築付帯の電気設備工事が主力。現在は現場に出ることはなくなったものの、経営には生涯関わっていく考えです。当初の志望とは違う道を歩んだ形にはなりますが、「15、16歳のあんちゃんが機械科に入りたいなんて、どれだけ先を見通せていたのか。あのとき電気科を選んで良かった」と当時の恩師に感謝しているそうです。

多くの仲間に恵まれた中標津は、一通りの生活基盤がそろい、規模も適度でとても住みよい街と感じています。プライベートでは妻と2人暮らしですが、嫁いだ長女、専務を務める長男とも町内に在住。孫4人は全て女の子で、進学などで現在は札幌に住んでいる子も含めて全員が、将来は中標津に住みたいと話しているといいます。「そのうちひ孫もできるのでは」と笑顔を見せてくれました。

（2018年10月号掲載）

株式会社南華園　代表取締役社長

佐々木　泰男

ささき・やすお　1938年2月1日、函館市生まれ。東京で会社員生活を送った後、札幌市で南華園を起業。

株式会社南華園（札幌支部）

〒062-0001 札幌市豊平区美園1-2-1-20
TEL(011)813-8282
業務内容　各種たれ、スープの素、惣菜などを製造販売
創　　業　1967年に創業
資 本 金　7,000万円
従業員数　60名

食品業で一番目指せ　高付加価値「創造」続ける

「やるなら一番になろうという思いで、この50年間やってきました。高い品質の商品を作るために製造装置を開発したり、我々にしかできないことに挑戦してきました」

株式会社南華園　佐々木 泰男

半世紀にわたって食品業界に身を置く佐々木さんですが、20代の頃は東京でカメラや映写機など、輸入品を扱う専門商社に勤めていました。アメリカメーカーの8ミリカメラを日本で生産するため「英語で書かれた仕様書を辞書と首っ引きになって訳したこともあった」と懐かしみます。

20代後半に差し掛かり、「何か新しいことに挑戦したい」と兄弟が住んでいた札幌市に移住。妻が料理上手だったことも手伝い、薄野の外れで定食屋を始めます。

店には近隣の飲食店に勤める人たちが仕事前の腹ごしらえにと列をなし、早々に軌道に乗ります。メニューで人気が高かったのはラーメン。周りには後の札幌ラーメンブームをけん引する有名店がひしめいており、本格的にラーメンを勉強し始めます。今につながる原点となりました。

札幌五輪に向けた地下鉄の建設で店を立ち退く必要が生じ、1967年、中央区南22条西11丁目に移転してラーメン、中華の南華園として創業します。店名には「南で華やかに中華料理を」との思いを込めました。

店は1階がラーメン・中華店、2階が洋食レストランという造り。ラーメンは1日に400食、500食といった数でオーダーが入り、日曜日ともなれば出前は3、4時間待ちになるほど繁盛します。植物油のコーン油をベースに、自ら改良したオリジナルの調味油を使用するなど、他店との差別化に努力していたことが実を結びました。

「お客さんがこれだけついているのだから」と73年、業務用のラーメンたれの製造を始めます。1軒1軒営業して回ると味の良さが認められ、ラーメン業界に同社の存在が浸透していきます。78年には東京事務所を開設し、本州に営業展開します。

時代の変化に合わせ、スープの素やドレッシング、素材にこだわったレトルト食品と幅を広げ、高い付加価値を付けた商品の開発に取り組んできました。

濃縮したニンジンやホウレンソウ、カボチャの汁を使い、赤や緑、黄色の大理石模様を入れた豆腐もそうした高付加価値商品の一つです。型崩れなどしないよう、豆腐の周りに入れる水も無添加ながら約20日間の長期保存が可能で、海外輸出も視野に入れます。

ジャガイモに小指ほどの穴を開けて中をくり抜き、バターやチーズ、とうもろこしを詰め、電子レンジで温めるだけで手軽に道産品を楽しめる商品も考案。穴を開けるシャフトは逆向きにネジが切ってあり、穴を開けると同時に中身をくり抜ける仕組みになっています。豆腐の製造機械とともに特許を取得しています。

今は、1チセン角の豆腐や野菜、肉をそのまま小袋に自動充填（じゅうてん）したレトルト麻婆豆腐の開発を進めています。「具材がつぶれないよう充填するのは至難の業でした」と苦労話も。

こうした製造機械の開発に当たっては、佐々木さん自らが図面を描くなどし、本道を代表する精密機械メーカーとタッグを組んで実現してきました。南華園の本社工場には所狭しと最新鋭の機械設備が並び、同社の歩みを物語っています。

「会社のロゴマークにも託している、創造という言葉が非常に好きだ」と言います。同社にはさまざまな企業から商品開発の案件が持ち込まれますが、「南華園を信頼して依頼が来る。誰もが考えつくような提案は提案ではない」と高いハードルを課し、現在も創造企画開発グループのリーダーとして先頭に立っています。

時代が急速に変化する昨今。「昔は十年一昔と言ったが、今は一年一昔ほどの緊張感がある」と評します。そうした中でも「北海道の安全で安心な素材を使い、例え価格が高くなったとしても高いと感じさせない、価格を補うだけのおいしい商品を届ける」と軸はぶれず、その姿勢は専務を務める長女の泰美さんに引き継がれています。

同友会には88年に入会しました。仕事が忙しく、自身は会合にあまり出席できていませんが、泰美さんが積極的に参加しています。佐々木さんは、小さな工場が集まって新しいものを開発する東京の下町を例に「同友会も人が有機的に結び付き、さらに切磋琢磨(せっさたくま)していける関係、組織になっていけば」と期待しています。

(2018年11月号掲載)

赤部　紀夫

株式会社十勝野フロマージュ　会長

せきべ・のりを　1940年8月7日、函館市生まれ。森永乳業十勝工場勤務を経て2000年に独立。13年9月から現職。

株式会社十勝野フロマージュ　（とかち支部）

〒089-1332 河西郡中札内村西2南7-2
TEL（0155）63-5070
業務内容　乳製品製造販売
創　　業　2000年3月に創業
資 本 金　1,000万円
従業員数　12名

チーズを多くの人へ　手づくりで全国にファン

手づくりのナチュラルチーズで全国にファンを増やしている「十勝野フロマージュ」。創業者の赤部紀夫さんにとって思いがけないきっかけで始めることになったナチュラルチーズへの追究が、第二の人生の道筋を付けました。

株式会社十勝野フロマージュ　赤部 紀夫

赤部さんは1940年に函館市に生まれます。戦時中、5歳の時に強制疎開により親戚がいた浦幌町に移りました。両親を早くに亡くし16歳で森永乳業十勝工場に就職。それから40年余りにわたって粉乳や練乳の製造に携わりました。

人生のターニングポイントは54歳の時。町内の菓子店が閉店したため、浦幌町ならではのお土産を作ってほしいという町民の要望からプロジェクトが立ち上がったことから生まれます。会社では作ったことがなかった生タイプのチーズに挑戦することになり「新しいものをやってみたい」と開発担当者に手を挙げました。本場であるフランスに自費で5回も研修に行くなどして独学で研究を重ねチーズ作りに没頭するうちに、定年でチーズ作りをやめてしまうのが惜しくなりました。会社での乳製品は分業制で作られますが、この時は最初から最後まで自分が関われる面白さがありました。そこで一念発起し独立する道を選びます。当時は大量生産の熱加工したチーズが主流でしたが、「小さい工房で作る生タイプのカマンベールチーズは絶対伸びる」という確信がリスクのある決断を後押ししました。

それから帯広市周辺で工房の場所探しに奔走し、中札内村に決めました。決め手になったのは昼食に訪れた村内のレストランで飲んだ水。水のおいしさに感動し、「やるならここだ。牛も水を飲む。いい水を飲めばいい乳を出すはずだ」と判断したので

株式会社十勝野フロマージュ　赤部 紀夫

す。

２０００年3月に十勝野フロマージュを設立。同10月から工房を稼働させました。設立当初の従業員は赤部さんと妻、三男の３人。製造に手いっぱいで営業活動ができないのが課題でしたが、口コミで評判が広まり問屋やバイヤーを含め多くの人が集まるようになりました。また中札内村は高規格道路の帯広・広尾自動車道を使えば帯広市内から40分圏内にあるほか、道の駅や六花の森など観光スポットの周辺にあり観光客が立ち寄りやすかったことも大きな成功要因でした。「いい乳、いい場所、いい人たちに恵まれた」と、村に感謝しています。

10年後には新しい店舗事務所や工場を建設。店舗では購入したものを店内で味わえるよう座席を設けました。現在ではチーズやバター、アイスクリーム、カマンベールチーズケーキを取り扱っています。「ＡＬＬ ＪＡＰＡＮナチュラルチーズコンテスト」

ではブリーチーズで05年に審査員特別賞、07年に農林水産省生産局長賞、カマンベールチーズで15年に白カビ部門優秀賞を受賞するなど数々の輝かしい実績を残しています。

06年には十勝管内の小規模なチーズ工房などで構成する十勝ナチュラルチーズ協議会を立ち上げ、初代代表に就任します。「いつまでもライバル同士で居続けるよりナチュラルチーズの発展のために協力し合おう」という思いからでした。協議会では、協会員間の情報共有や乳製品の普及に努めています。

チーズの製造工程で生じるホエイ（乳清）の活用にも取り組んできました。きっかけは視察で訪れたフランスのチーズ工房。地下に豚小屋があり工房で発生したホエイを豚に与える仕組みになっていました。当時、中札内村にも養豚農家があったことから提供を始めてみると、下痢などの病気をしなくなったり毛づやが良くなったりと早いうちから効果が表れました。ホエイ豚と言えば今では肉質の良い高級食材として知られていますが、赤部さんの取り組みが先駆けだったのです。

チーズの製造において社員に呼び掛けていたのは「ヨーロッパのまねだけでなくて日本人に合ったチーズをしっかり作る」ということ。この考えのもと、十勝産大豆で作った田楽みそを漬け込んだカマンベールチーズなど、ユニークな製品が生まれていきました。13年には社長を長男の順哉氏に譲り、自身は会長に就任。ナチュラルチーズにこだわる姿勢は、今も会社全体に貫かれています。

同友会には開業前から入会。会社設立当初は経営を学ぶため積極的にセミナーなどを受講しました。さらにとかち地サイダー研究会に参加し、17年にはホエイを使った地サイダーを開発しました。ワイン研究会にも所属し「中札内村産のブドウを使ったワイン造りも挑戦してみたい」と夢を語ります。

（2019年1月号掲載）

土田ボデー工業株式会社　代表取締役

遊佐　末廣

ゆさ・すえひろ　1948年8月23日、津別町出身。東京で就職後、オホーツクに戻り、同社に就職。83年に現在の代表取締役に。

土田ボデー工業株式会社（オホーツク支部）

〒099-0878 北見市東相内町45-18
TEL（0157）36-2061

業務内容　自動車整備、防錆（ぼうせい）加工、リース、用品販売等
設　　立　1967年設立
資 本 金　1,000万円
従業員数　従業員5名

顧客の信頼積み重ね　事業継続へリピーターを

「良いサービスを続けて、お客様の信用を積み重ねたい。信用は無形の資本であると考えています。事業を継続するにはリピーター作りが大切で、まずは10年コツコツやってみる必要があります」

土田ボデー工業株式会社　遊佐 末廣

遊佐さんは1948年、津別町で生まれました。高校時代は、自然豊かな環境で培った体力を生かし、応援団、柔道部の一員として活躍しました。高校を卒業した67年には、東京のボルト製造販売会社に就職し、品質管理などの仕事を担当しました。大手カーメーカーにも納品しており、「レベルの高い要求に応えることが勉強になった」と振り返ります。製造の現場を学ぶため、他社の工場なども多く見学しました。

ここで「長く生き残っている会社は、品質の高い商品を作り続けている」と気付き、今でも会社経営の根幹になっています。

また、将来的に電気関連の仕事をしたいと考えていた遊佐さんは、社会人として働く傍ら、夜間には電気工学関係の専門学校にも通っていました。ここでは、図面の読み方の基礎などを学んだといいます。

6年ほどボルト製造販売会社で働いた後、家族の事情などによりオホーツクへUターンし、トラックや重機の部品を扱う会社の北見営業所で、営業として勤務することとなります。75年2月には結婚し、順調に人生を歩んでいたところでしたが、同年6月に北見営業所が撤退することとなり、離職を余儀なくされました。

しかし、焦らず就職活動を行い、75年9月に営業職を募集していた土田ボデー工業に就職。「北見市の土地勘も人脈も何も無く、熱意だけの営業だった」と振り返ります。市内の法人を中心に果敢に飛び込み営業をかけ、車の点検・整備、車検などを売り込みました。7年ほど営業職を続けていましたが、転機が訪れます。同社のほかにも複数会社を経営していた前社長が、諸事情により同社の廃業を決めました。

そこで遊佐さんは「うちの会社は、今までのお客様という無形の財産を持っている。事業を続けたいと思った」と83年に会社を引き継ぎ、自動車整備やさび止め処理などを軸に再スタートを切りました。

サービス開始から現在まで、40年以上続けている車のさび止め処理について遊佐さんは「リピーターのお客様がいるから、やめることなく続けられている」と話しています。また、「うちの半分くらいの料金でさび止めをしているところもあるが、安さには理由がある。うちは安さではなく、本物にこだわってサービス品質の維持に努めている」と、これまでの経験で得た品質への思いを見せます。

一方で、新・中古車と比べて顧客の固定化が期待できる車のリース事業や、ネットショップで購入したタイヤの取り付けなど、時代の変化に応じた新規事業にも挑戦しています。近年では、ナンバープレートのボルトのさびからくる汚れを防止するため、ステンレス製の飾りボルトの製造・販売も行っています。この製品には取り付け用に樹脂製のワッシャーも入っており、プレートが傷つかないようにする細かい気遣いが込められています。

遊佐さんはこの商品の販売を通して、「地方中小企業は、資金力の面から大きな宣伝ができない。良いモノを作っても埋もれてしまう」と課題を指摘します。そんな中、「小さいモノや通信でやりとりできる商品・サービスなら、地方からでも都市部に販路を拡大できる」とし、現在もナンバープレートに関連した新商品の研究・開発に励んでいます。

土田ボデー工業株式会社　遊佐　末廣

今まで続けてきた事業、時代に沿った新事業、遊佐さんはどちらも品質にこだわり、顧客の信頼を積み重ねることを第一に考え、経営を続けています。

同友会には81年に入会。当時は北見市に事務局がなく、帯広からの勧誘を受けて加入することとなりました。遊佐さんは「会社を引き継いだ当時は、代表者として何をすべきか分からなかったが、同友会で多くを学んで救われた」と感謝しています。

地方では、新商品を作るにしても「宣伝に必要なデザイナーやプレゼンターなど、他業種の人材不足により困ることもある。しかし、同友会を通して多くの会社と交流し、情報交換などによる協力体制を構築することで、一丸となって課題を解決できるのでは」と遊佐さんは考えています。

「人と知り合うことが同友会活動で得られる最大の財産」と話し、今後も同友会で積極的に学び合いを続ける考えです。

（2019年3月号掲載）

株式会社光合金製作所　取締役会長

井上 一郎

いのうえ・いちろう　1934年2月16日、小樽市出身。北大勤務後、入社。代表取締役社長、代表取締役会長を経て2016年から現職。

株式会社光合金製作所（しりべし・小樽支部）

〒047-0152 小樽市新光5-9-6
TEL（0134）65-0000
業務内容　不凍給水栓、関連機器の開発、製造、販売
創　　業　1947年創業
資 本 金　6,600万円
従業員数　110名

寒冷地の水道を守る　研究に裏打ちされた技術

水の凍結を防止する不凍給水栓の開発、製造、販売を通じて、寒冷地の水道を守ってきました。研究に裏打ちされた、同社の高い技術力には定評があります。創業者は北海道中小企業家同友会の創立にも奔走。親子3代、同友会で学び、そして共に歩んできました。

株式会社光合金製作所　井上 一郎

井上さんは1934（昭和9）年に、小樽市に生まれます。室蘭工業大学を卒業後、59（昭和34）年から北海道大学工学部衛生工学科で助手を務め、下水道処理や河川、海の調査などに携わっていました。後に北大総長となる丹保憲仁さんと知り合うなど「学部の垣根を越えて多くの友人を得ることができた」と振り返ります。

充実した日々を過ごす中、父の良次さんから会社を手伝ってほしいと要請されます。

良次さんは47（昭和22）年、不凍給水栓を製造する光合金製作所を小樽で創業していました。それまでは主に本州のメーカーが製造する商品が流通していましたが、戦後の混乱で供給がストップ。氷点下10度以下になると故障する商品も多く、良次さんは自ら製造する道を選んでいました。

ライバルメーカーには高度化する要求に応える研究室があり、また、当時は盛んだった組合運動に対応してもらうため、一郎さんに白羽の矢が立ったのです。64（昭和39）年、研究室長として入社します。研究室は発足したものの、「どこから手を付けるべきか悩んだ」といいます。そこで大企業の研究所に出向き、どのような研究をしているのか学ぶことから始めました。しかし、3年間は新商品を出すことができず、「無駄金を使っている」という批判にもさらされます。

苦しみの末、67（昭和42）年に止水、排水が1度のバルブ操作でできる、新構造の不凍給水栓を世に出します。数年後には、今では一般的になっている電気によるリモートコントロールの水抜きシステムを開発しました。

井上さんは「当初3年間はクレーム処理ばかりをやっていた。しかし、クレームの中にこそニーズがある。売れている商品は全て研究室で作ったもの」とその成果を語ります。現在は全社員の1割が研究部門に携わり、同社の根幹を成しています。

組合対応でも手腕を発揮しました。当時、社内には2つの労働組合がありました。複数の組合がある場合、多くの会社は組合同士を衝突させ、弱体化させる方法を取っていました。しかし、井上さんは膝詰めで話し合い、両組合の融合を図ります。それは民主的で、極めて珍しいものでした。

教育にも力を入れます。製造に必要な基礎学力を向上させるため、道が実施していた長期夜間研修で数十人の社員を学ばせます。また、中小企業では珍しく、昭和40年ころから大卒者の採用も始めました。

一方、父の良次さんは同時期、東京で中小企業家同友会全国協議会発足の動きがあることを耳にし、経営者仲間と北海道中小企業家同友会の創立に力を傾けていきます。「互いの経営体験を交流し、良い会社づくりを目指し、経営者としての見識を養う」という目的に共感しました。69（昭和44）年、会員30人で設立に至ります。

井上さんは、良次さんから「一緒に勉強しよう」と誘われ、入会します。周りは先輩経営者ばかり。「悩みを打ち明けると、時には叱られながらも親身になって相談に乗ってくれた。同友会には足を向けて寝られない」と言います。

73（昭和48）年の小樽支部（現、しりべし・小樽支部）発足にも尽力。支部長も8年間務め、青年部会、女性部会の活動を推進しました。

今でも支部のある先輩の言葉を大切にしています。「蛇は頭から脱皮する。つまり

株式会社光合金製作所　井上　一郎

頭が変わらないと尻尾が変わらない。だから、社員と共に勉強しなくてはならない」

この精神は２００４（平成16）年から社長を務める、長男の晃さんにも引き継がれています。率先して同友会大学を受講するのをはじめ、社員を例会に参加させるなど、同友会を積極的に活用しています。

北海道同友会は11月に創立50周年を迎えます。会員は６０００人をうかがうところまで増え、外部への発信力も増しています。井上さんはこうした姿をうれしく思う一方、「組織が大きくなると官僚的な部分が出てくる。初心を忘れてはならない」とあえて苦言を呈します。

「なぜ同友会はできたのか。さまざまな取り組みの背景には何があったのか。数を追うだけではなく、創立時のことを繰り返し学ぶことも必要でしょう」と後輩達にエールを送っています。

（２０１９年４月号掲載）

勇気会医療法人北央病院　CFO

清水　昭子

しみず・あきこ　1942年2月25日、札幌市出身。夫の医師と地方病院赴任を経て、79年に開院。2018年から現職。

勇気会医療法人北央病院（札幌支部）

〒004-0021 札幌市厚別区青葉町11
TEL（011）892-8531
業務内容　診療科目は血液内科、内科、消化器内科、腫瘍内科
開　　院　1979年開院
従業員数　スタッフ数約115名

患者に寄り添う医療

互助の精神で感謝忘れず

「振り返れば人生まだ道半ば。身体的には老いを感じますが、つらいことがあっても、笑って一呼吸することで問題解決に向かう気力が湧いてきます。これこそが人生の積み重ね。いまが人生の黄金時代と意識して生きたいですね」

勇気会医療法人北央病院　清水 昭子

札幌で、医師の多い家系に生まれた清水さん。そうした家庭環境もあって、医療とは別の世界を歩もうとしていました。しかし1963（昭和38）年、21歳で結婚したのを境に運命の歯車が回り始めます。結婚相手は、北海道大学で医師をしていた矩基雄さん。北大で外科の教授をしていた兄の門下生でした。結婚してすぐ清里町、釧路市と地方病院に赴任。二十歳を過ぎたばかり。慣れない土地での暮らしに寂しさもありましたが、清里では結婚祝いに馬が贈られるなど、地域の人の優しさに救われます。

釧路労災病院に勤務した頃から心境に変化が訪れます。同病院は北大第一外科の関連病院としては最も多くの外科医が勤務し、昼夜問わず、道東一円の手術患者の対応に当たっていました。「その十数人の医師の胃袋を満たすのが、副院長の家内である私の役割だった」と清水さん。子供の手を引きながら差し入れを届けるようになります。こうした支えによってチームワークが固く結ばれ、数多くの手術を手掛けていきます。両親の姿に影響され、2人の子供さんも医師の道を歩むことになります。

十数年に及ぶ地方病院での経験を生かし、79(昭和54)年10月に北央病院を開業します。白石、厚別地域では初めての外科病院。矩基雄さんは「地域に徹した病院」を目指し、切り傷、やけどから、胃がん、大腸がんまで幅広く対応し、高い評価を得ていきます。

清水さんは運営、経営面を担い事務長を務め、夜は手術で使用した器具、手術衣の消毒までこなし、帰宅が深夜になることもありました。「医療経済は統制経済」と評され、猫の目のように変化する国の制度に合わせなければ、病院経営は成り立ちません。寝る間も惜しんで医療制度を学びました。その成果は、医業経営コンサルタントの認定取得につながります。地域医療を提供し続け、また職員の雇用を守るため、金融機関の誘いには乗らず、拡大路線は取ってきませんでした。

国立病院、公立病院などの8割、民間病院の6割が赤字とされ、倒産した病院の多くは、患者の増加を見込んだ先行投資が原因。「夫は算術ではなく、仁術で行える医療をしたいと言い続けてきた。病める人を対象にした仕事であるが故、利潤を追求するものであってはならない。それを経営者の誇りとして大切にしている」

現在、同病院は道内では数少ない血液、腫瘍を専門とする内科の病院へと衣替えしています。高齢化社会に伴って血液疾患に対するニーズが高まることは明白でしたが、以前は「血液専門の病院はつぶれる」というのが定説。採算を重視する病院が手掛けることはありませんでした。

地域に必要とされる医療を追求し、また借り入れがなく、財務基盤が整っていたことから、今は亡き矩基雄さんが「当院がやるしかない」と決断しました。

それから10年。離島を含めて道内各地から患者が訪れ、その大半が患者同士の口伝え、紹介だといいます。

同友会には、経営者仲間から「系統だった勉強ができる」と紹介され、88（昭和63）年に入会しました。「周りの経営者を生きた教科書に、中小企業の実態や組織体制をつくる必要性を学んだ」と振り返ります。

中小企業憲章や中小企業振興基本条例の制定に強い関心を持ち、２０１０（平成22）

年に閣議決定された中小企業憲章に対し「一番恩恵を受けたのはドクターかもしれない」とみています。

開業に当たっては医院で約3億円、病院では数十億円の借り入れが一般的で、その90%以上が銀行主導型。「憲章の影響もあって、経営者個人保証のガイドラインができ、銀行保証も変化してきた。これぞ憲章のおかげ」と続けます。

病院経営は医(衣)、食、住の全てを管理することであり、医療を提供する側も患者側も常にベストの状態が求められます。それは並大抵のことではなく、「職員皆で助け合って病院を動かしている。互助の精神そのもの。感謝の気持ちしかない」と言います。

だからこそ、「患者に寄り添う医療を提供するため、彼らと一緒に精いっぱい働きたい。そのためにはまだ成長しなければならない。日々挑戦し続けることが私の使命であり宿命」と。

（2019年5月号掲載）

北山 茂一

株式会社アール・アンド・イー 代表取締役

きたやま・しげかず 1945年9月6日、東京都出身。都内で会社員生活などを経て、95年に登別市に移住。

株式会社アール・アンド・イー（西胆振支部）

〒059-0462 登別市富浦町223-1
TEL（0143）80-2233
業務内容　産業廃棄物の再資源化・処理など
創　　業　1998年に創業
資 本 金　2,000万円
従業員数　48名

株式会社アール・アンド・イー　北山 茂一

再資源化へ製品開発

地域の環境と将来見据え

「〝何かをしようとする時、簡単にそんなことできないと言うな〟ということを、周囲に言い続けてきました。常に頭を使って考え、創造してほしいですね」自身が語る信念を貫くように、会社の主力である産業廃棄物事業だけでなく、環境に配慮する〝再資源化〟を意識したさまざまな研究・製品開発に取り組み続けてきました。

北山さんは１９４５（昭和20）年、東京都渋谷区で印刷業を営む両親のもとに生まれました。慶應義塾大学法学部を卒業後、凸版印刷（本社・東京）に入社。都内の大手出版社を中心とする顧客を対象に、営業マンとして10年ほど過ごしました。

そして、83（昭和58）年に38歳で独立。出版、デザイン、広告、印刷、コンピューター入力を手掛ける会社を都内で立ち上げました。「昔から好奇心が非常に強く、それが自分の原動力になってきた」。と振り返る北山さん。その言葉通り、80年代後半から90年代前半にかけて社会をにぎわせていたゴミ問題をきっかけとして、産業廃棄物関連の機器に強く興味を持ちます。そして技術管理士など複数の資格を取得していきました。

そうした北山さんのことを知った知人から、産業廃棄物事業を始めたいと協力を求められたことから、50歳を迎えた95(平成7)年、登別市へと移住することを決意しました。その後も、前身会社の倒産など苦労を重ねたものの、98(平成10)年にアール・アンド・イーを創業しました。

捨てられたごみをただ埋め続ける従来の事業内容に疑問を抱いてきた北山さんは、地域の環境や未来を見据えて〝再資源化〟の視点を重視した事業展開を目指します。そしてこの方針に加え、自身が周りに話していた〝挑戦してもいないのに諦めてはいけない〟という考えを有言実行するかのように、自社で積極的な製品開発に取り組んできました。

当時は建設重機のアーム先端のアタッチメント部品や、プラントで使用する破砕刃などは消耗が激しく、その交換によって作業効率の低下などを招いている状況にありました。そこで、室蘭工業大学と耐久性に優れた耐摩耗性金属の共同開発に着手しました。

従来の耐摩耗性金属は表面処理を施しただけのものが多く、大幅な耐久性向上は望めませんでした。しかし、開発した製品は金属材料そのものを変成させてつくった「すり減らない金属」です。さらにリサイクルして何度も繰り返し使用できることも大きな特徴です。ガラス製品の破砕刃として使用した企業からは「これまでは1日の作業で消耗していたが、この製品は従来と比べて数十倍も減らなかった」と好評でした。

このほかにも、網下気室型湿式比重選別システム「ＲＥＴＡＣ ＪＩＧ（リタックジグ）」を、北海道大学と共同で開発。鉄やアルミなどの金属に加え、これまで選別が困難とされるプラスチック樹脂も選別が可能となりました。

このシステムは、選別方法に水を使用することで、種類が多く比重差が少ないプラスチックも高い精度で選別できます。また、水を用いることでクリーンなシステムとし、プラスチックを埋め立てずに燃料として再利用できる、サーマルリサイクルなどにもつながります。このように、自社で掲げてきた〝再資源化〟を常に意識し、自身の信念の実現にも満足することなく、新たな取り組みに挑戦してきました。

本社がある登別市は、隣接する室蘭市などと合わせて「鉄のまち」のイメージで広く知られる地域です。北山さんはそのイメージどおり、「技術力を持った地域」と評価する一方、「技術を持つ会社は多いが、そのほとんどが歴史ある大手企業に依存している状況」と課題も指摘します。

こうした現状を踏まえ、北山さんは、地域のためにここでも新たな取り組みに踏み出します。そして室工大や地元企業などで構成する異業種交流会であり、後に現在の産学交流プラザ「創造」へとつながる「室蘭地域環境産業推進コア」の設立に携わり、3期6年にわたり会長を務めることとなりました。

さらに、2009（平成21）年にも地域の異業種企業で集まる「蘭参会」を発足させるなど、交流や研究を通じて企業の連携強化や地域の活性化にも尽力しました。「それぞれの企業がオンリーワンのものを持っているはず。それを大事にしてほしい」と、地元企業のさらなる活躍に期待を寄せています。

同友会には知り合いの経営者の紹介を受け、04年（平成16）に入会しました。仕事の都合で会合にはあまり参加できていませんが、会員である仲間との交流を大切にしています。

（2019年6月号掲載）

株式会社アイワード　取締役相談役
木野口　功

きのぐち・いさお　1939年1月17日、浦河町出身。代表取締役社長、代表取締役会長を経て、18年5月から現職。

株式会社アイワード（札幌支部）

〒060-0033 札幌市中央区北3東5-5-91
TEL（011）241-9341
業務内容　ブック印刷、情報処理・システム開発など
創　　業　1965年創業、93年に現社名へ変更
資 本 金　6,719万円
従業員数　262名

情報共有で民主的に　労使見解がバックボーン

「印刷を知らない素人だからこそ良かった。社員みんなから意見を出してもらい、さまざまなことを徹底的に討論して経営を進めてきました」

株式会社アイワード　木野口 功

木野口さんは1939（昭和14）年、4人兄弟の長男として浦河町に生まれます。中学卒業後は浦河町役場に就職し、勤めながら定時制高校に通いました。役場は、17年間務めた後に退職。中小企業の経営を学びたいと考え、35歳の73（昭和48）年7月に北海道同友会事務局に入局します。北海道たばこ会館に事務局があった当時は、初代事務局長の故・大久保尚孝氏、現在は中同協顧問を務める国吉昌晴氏、女性事務局員に自身を含めて計4人体制。会員数は300社ほどでした。

入局後は、新会員の拡大に奔走します。携帯電話もメールも無い時代、早朝から経営者を訪問し、夜は手紙によるダイレクトメールを書く日々の中で、約700社の経営者と名刺交換に至ります。「経営の話を聞けば、それぞれ700通りの方法がある」。ここで中小企業の経営哲学や抱える悩み、加えて事務局として同友会の理念を深く学べたことが、その後の経営で活かされることになりました。

同年、アイワードの前身会社である印刷会社から、経営強化の協力を求められます。12月に事務局を退職し、74（昭和49）年1月に同社に常務取締役として入社。新たな経営者が来たとして、すぐに労働組合から団体交渉を求められます。これが、木野口さんが経営者としての第一歩となりました。

要求は①年末手当の早期支払い②年度末の繁忙期対策③三六協定―の3つでしたが、本当に求めていたのは世間並みの給与と気付きます。当時、同社の社員数は20

人、平均年齢は25歳。札幌市内の印刷会社の25歳平均給与は5万円なのに対し、同社は3万円という状況でした。世の中は第1次オイルショックの影響による狂乱物価であったため、社員の生活は厳しいものとなっていました。

さらに当時のベースアップは20％。そうなれば給与は2倍の6万円に引き上げなければいけません。しかし、このままの給与では従業員のうち10人が辞める意思があると知った木野口さんは、「給与は倍にするが、企業自体が経営を続けていける状態でなければいけない。売上も倍にできるか」と提案。組合からも了承を得ます。4月から約束通り給料を倍に引き上げ、そして会社一丸となって奮闘して業務に励み、12月期決算の売り上げは八十数％伸びました。「社員の持つ力を引き出せば大きな成果を得られる」と自信になり、会社が変わるきっかけとなりました。

75（昭和50）年1月、中同協が『中小企業における労使関係の見解』（労使見解）を発表します。木野口さんはここから経営指針を成文化すること、経営者は時代の変化に対応して経営を維持・発展させる責任があること、社員をパートナーとして共育的人間関係を築くことを学びます。そして社員と宿泊研修を繰り返し行い、経営指針の策定に取り組みました。

同社の経営方針である『民主的な運営』『自主的・自覚的な行動』『目標と計画を大切にする』—は当初に策定したものが現在も続いています。特に重要視する民主的運営の一つとして、情報の共有化があります。全社員が業務などの気付きや提案を書いた日報を毎日提出し、この情報を社内報『フォーラム』を活用してフィードバック。38年間続けているこの取り組みは、「社員の自主・主体的な姿勢にもつながる」と説きます。自身が築き上げた会社の基礎である経営指針と、これに基づいた経営や社内での取り組みは、多方面から注目を浴びています。策定から40年以上が経ちますが、社内で

株式会社アイワード　木野口 功

は新入社員教育時から理解してもらうことを徹底しているなど、その精神は現在も会社全体で貫かれています。

同友会は、74（昭和49）年1月に入会。77（昭和52）年度から35年間にわたって理事と常任理事を歴任したほか、札幌支部では２０００（平成12）年12月から約4年間支部長を務めました。67期目を迎えた同友会大学では講師を34年間務めるなど、同友会の発展に大きく貢献してきました。

同友会では、11月の設立50年に向けた６０００名会員を目指し、入会が相次いでいます。新会員には「時代とともに経営方法は変化するが、労使見解には中小企業経営者の英知がつまっている。尊敬する先輩たちもこれをしっかりと読み込み、具体化してきた。これを常にバックボーンとしてほしい」とアドバイス。若手経営者たちには地域や社会への貢献で活躍してくれることを期待しています。

（２０１９年７月号掲載）

株式会社太田硝子店　代表取締役会長

馬場　芳弘

ばば・よしひろ　1947年10月29日、蘭越町出身。丹波屋での勤務を経て、87年に太田硝子店へ入社。93年9月から現職。

株式会社太田硝子店（道北あさひかわ支部）

〒079-8413 旭川市永山3-5
TEL(0166)48-1400
業務内容　住宅用・ビル用サッシ製作販売など
創　　業　ことしで創業90年目を迎える
資 本 金　3,000万円
従業員数　26名

背中が語る会社経営　同友会活動の出会い財産

「苦労したことは、と聞かれてもこれといったものは思い浮かびません。ただただいろいろな先輩や経営者の方々にやさしくしてもらい、学ばせていただきました」――。住宅用・ビル用サッシの製作販売やガラス工事などを手掛ける太田硝子店の代表取締役会長馬場芳弘さんは、社会人になってから現在までの歩みをそう振り返ります。

株式会社太田硝子店　馬場 芳弘

馬場さんは１９４７（昭和22）年、後志管内の蘭越町に生まれました。66（昭和41）年に倶知安農高農業土木学科を卒業後、国士舘大学に進学。高校まで野球を続けていたので大学でもと考えていましたが、「あまりにもレベルが違いすぎる」ということで断念し、学生時代は「これと言ったこともなく、普通に4年間を過ごした」そうです。

大学を卒業した70（昭和45）年、建材や肥料、飼料などを販売する丹波屋（本社・札幌）に入社。教職員免許を取得していた馬場さんは大学系列の学校で教師になることも考えましたが、「入社の筆記試験の出来が良くなかったにも関わらず、面接時に社長が『筆記試験の成績はあまり関係ない』と話し、入社できたのです。社長のひと言に義理を感じましたね」と振り返ります。

そうした不思議な縁に導かれ、旭川支店に配属となった馬場さんは、その後の人生に大きな影響を与える経営者や先輩たちと出会います。その中でも、馬場さんが後に太田硝子店へ入社するきっかけとなった太田硝子店2代目・太田勝康社長については「学校を出たばかりで何もわからない若造に何でも教えてくれました。札幌支店へ異動する時も気に掛けていただいた」と当時を思い返します。

また、川村建材（現・カワムラ、本社・旭川）の川村武社長からは「背中から多くのことを学ばせていただいた」と振り返り、「社員の面倒見が良く、朝早くから会社に詰めていた。人柄が素晴らしく、その大きな手を見ると、仕事をしている方の手だなと思いました」と懐かしそうに故人をしのびます。

77（昭和52）から84（昭和59）年まで8年間札幌で勤務した後、85（昭和60）年再び旭川へ。丹波屋での仕事にやりがいを感じ、充実したサラリーマン生活を過ごす日々でしたが、当時の太田硝子店は経営者の一人が体調を崩して会社を休んでおり、会社運営が厳しい時期でもありました。

当時故人となっていた勝康前社長は生前、「馬場君がうちの会社に来てくれていたら」と周囲に話すなど常に馬場さんのことを気に掛けており、後でそれを知った馬場さんはその気持ちに答えようと87（昭和62）年、太田硝子店へ転職するのです。

その後、89（平成元）年3月に社長、93（平成5）年に会長へ就任。創業者の太田盛重さんは「全てやりたいようにやりなさい」と入社後の馬場さんを支え、「おかげで苦労らしい苦労もなく、好き勝手にやらせていただいたという思いです。社員の協力もあり、ここまでやってこられました」と、周囲に感謝します。

「川村さんにはまだまだ到底及びません」。今も馬場さんはそう話します。しかし、川村さんと同じように誰よりも早く出社し、会社周辺の清掃や社内のガラス拭きをする馬場さんの背中は、会社経営や企業の在り方をきょうも社員に語り掛けています。

同友会との関わりは、今から30年以上も前にさかのぼります。太田硝子店は以前から入会していましたが、転職して間もない馬場さんは経費削減のため、当初は退会を考えていました。

しかし、同友会の活動が会社に必要なものかどうかを自分の目で確認するため、見学に行ったところ「よい会社、よい経営者、よい経営環境という3つの目的を掲げていた同友会の理念が自分の中にすんなりと飛び込んできた」と、それ以降は同友会の活動へ積極的に参加するようになり、旭川支部(当時)幹事長、副支部長や相談役幹事などを歴任しました。

同友会では経営者が真剣に学び、社員と共に育ち、地域と共に繁栄する企業づくりを目指すという理念に共感しただけではなく、「やっていくうちに自分がだんだん楽しくなってきたので」と笑いながら話す馬場さん。

「ビジネスありきではなく、人間形成するための道場であったのが一番の魅力。同友会活動をやっていなければ会うこともなかった人たちとの出会いがたくさんあり、本当の財産を築くことができました。人間学と経営理念の源を学び、今でも肝に銘じています」と同友会の活動なしに、今の自分はないと振り返ります。

(2019年8月号掲載)

株式会社太田硝子店　馬場 芳弘

有限会社プロセスグループ夢民舎　代表取締役

宮本　正典

みやもと・まさのり　1940年12月19日、早来町(現・安平町)生まれ。同社創立時より代表取締役を務める。趣味は詩吟。

有限会社プロセスグループ夢民舎 （苫小牧支部）

〒059-1501 勇払郡安平町早来大町141
TEL(0145)26-2355
業務内容　ナチュラルチーズの製造・販売
設　　立　1990年設立
資 本 金　2,000万円
従業員数　12名

「チーズの町」を再び

震災受け絆の大切さ学ぶ

早来町(現・安平町)は、1933(昭和8)年、雪印メグミルクの前身である北海道製酪販売組合が、本格的なチーズ専門工場を作った町。戦後の食生活の欧風化に伴ってチーズの生産が拡大し、順調に発展しましたが、85(昭和60)年に十勝管内の大樹町へ工場が移転しました。そこで、宮本正典さんは「この町をもう一度『チーズの町』にしたい」と強く願い、仲間6人と共に早来町の旧給食センターを借り受け、チーズ製造に挑戦することに—。90(平成2)年、夢を持った人たちの集まりという意味を込めて、「プロセスグループ夢民舎」と名付けた会社を創設しました。

有限会社プロセスグループ夢民舎　宮本 正典

宮本さんは、40(昭和15)年12月19日に早来町で、製菓店を営んでいた両親のもとに生まれました。早来町の小学校と中学校を卒業後、苫小牧東高校に通学していましたが、1年の時に9歳年上の兄が亡くなったため、高校卒業後は家業の製菓店を継ぐことなりました。30歳で結婚。製菓店は弟が継ぎ、奥様と飲食店の経営を始めました。

全国で地域経済の発展に繋げようという、一村一品運動が盛り上がりを見せている頃、宮本さんは「一村一品の特産品としてチーズを作ってはどうか」と仲間で語り合っていたそうです。町の給食センターが移転新築され、跡地の利活用方策が模索されていることを知った宮本さんは、町にチーズ製造を提案し、90年に地元の酪農家や農家など仲間6人と共に「プロセスグループ夢民舎」を創設。宮本さんが代表となり、旧給食センターを借り受け、試行錯誤しながら自分たちのオリジナルのカマンベールチーズを製造しました。

チーズ生産が軌道に乗り、月間5000個を製造するようになった94(平成6)年、唯一常勤として会社創設時から製造を担当していた技術者が退社しました。皆途方に暮れましたが、宮本さんが常勤となって製造現場に立ち、新たにチーズの専門家に指導を受けて製造者としての再スタートを切ります。試行錯誤の末にできたのが、食べやすくて美味しいと評判の「カマンベールはやきた」。97（平成9）年には2年の研究期間をかけて念願のブルーチーズを販売。98（平成10）年「第1回All Japanナチュラルチーズコンテスト」では、「カマンベールはやきた」は全出品中たった1点のみが選ばれる「特別審査員賞」を受賞し、夜も眠れないほど嬉しかったそうです。2004（平成16）年からは、チーズを作るときにできるホエー（乳清）を豚に与える養豚業も始め、この豚肉を「夢民豚（むーみんとん）」と名付けました。肉は直営の「レストランみやもと」でソテーやハンバーグ、トンカツとして食べることができ、地元客だけではなく、観光客などで店が混み合います。

「自分に与えられた以上のことはしない、と会社経営者として、身の丈に合う経営を心掛けてきました。亡くなった兄は感性豊かでセンスがあり、斬新なアイデアを持っていました。その兄の『残念だった』という最期の言葉が自分を押してくれて、これまでやってこれたように思います」。

宮本さんは「自分は50歳からチーズ作りを素人から始め、作業しながら知識習得に励んだ」と、試行錯誤して製造に取り組んだ過去を振り返り、「これまで苦労もあったが、チーズ作りは本当に楽しかった。道内のみならず、全国に商品が流通し、夢民舎のチーズをお客様にお届けできることは本当にありがたいこと。自分たちの創業時の夢であった、町にチーズ作りの灯をもう一度ともして町の活性化につなげたいという想いがようやく形になってきた」と笑顔で話していました。

18（平成30）年9月6日に発生した北海道胆振東部地震では、安平町は震度6強の大地震に見舞われました。夢民舎でも棚などが倒れ、物が散乱するひどい状態。停電は1日半ほどでしたが、12日間にわたる断水でチーズが傷み廃棄処分されるなどの被害を受けました。「全国から心配する声が寄せられ、たくさんのお客様や企業様から復興応援のメッセージと共にチーズのご注文を頂き、とても励みになりました。また、中小企業家同友会さまを通じて会員から寄せられた温情溢れるお見舞金を頂き、心から感謝しています。震災はとても辛い経験ではありましたが、仲間のつながり、絆の大切さを深く学ぶことができたことは心の財産になりました」と語ります。

同友会には、83(昭和58)年9月に入会しました。「同友会は大変勉強になる、自分で考え想像し、自分の血肉になる場所だ」と大切にしています。

(2019年9月号掲載)

有限会社プロセスグループ夢民舎　宮本 正典

株式会社マルコシ・シーガル 取締役会長

早川 昭貴彦

はやかわ・あきひこ 1946年8月20日、根室市出身。神奈川大学卒業後、大阪の繊維問屋で修行後に帰郷し、82年に会社設立。

株式会社マルコシ・シーガル （くしろ支部）

〒087-0028 根室市大正町1-32-1
TEL（0153）23-2131
業務内容 食品スーパー
設　　立 1982年設立
資 本 金 1,500万円
従業員数 70名

鮮度と価格こだわり　食料品でネット競合避け

株式会社マルコシ・シーガル　早川 昭貴彦

早川さんは1946(昭和21)年8月20日、根室市(当時根室町)に生まれました。戦後の根室は日本の最東端。国の中央を知らない—。そのコンプレックスが、この町を出たいと思わせました。

勉強嫌いだが数学は得意だったため、物理も頑張って神奈川大学工学部に合格。しかし都会に出てみたら、憧れていたほどの魅力はありませんでした。山歩きが好きで北アルプスも歩きましたが、そこに咲いていたのは根室なら平地で見られる黒ユリなどの高山植物。故郷に帰りたいと思うようになりました。

就職では自動車メーカーを受け採用が決まったものの、面接官に数学の問題で間違いを指摘されたことや、周りが優秀な人間ばかりだったことから、ここでは頑張っても先は見えていると悟り、帰郷を決断。

当時、父親が根室で地域生協の経営に当たっていたため、衣料品関係の勉強をしようと大阪の繊維問屋で修行し、26歳で根室に戻りました。その頃、市内の店で扱っていた衣料品は岐阜や旭川を経由して入ってきたものがほとんど。一方で丸三鶴屋や丸井今井といった当時のデパートが扱っていたのは東京メーカーの製品でした。

早川さんはこれを根室で販売しようと仕入れルート開拓に乗り出しますが、当初はなかなか問屋から相手にされず苦労しました。それでも毎月１００万円分を仕入れ、何とか売りさばいていきます。２年目になると様相が一変。相手も前年実績を気にするため、態度はこれまでの「売ってやってもいい」から「是非買ってください」に軟化していきました。

ところがあまりにも順調に行き過ぎたことがあだに。組合員に売るのが前提の地域生協のため、同業者からの風当たりが強くなりました。北海道拓殖銀行の担当者が、生協の枠にとらわれず商売をと独立を勧めてきたのがちょうどその頃。82(昭和57)年10月、根室市昭和町に食料品と日用雑貨を扱う売場面積150坪の「シーガル」をオープンします。独立に反対だった父親を開店当日の朝、店に初めて案内したところ「もうけるつもりにならず、人気を出すように」とアドバイスされました。

根室は漁業者が多く、掛け売りが主流。しかしこれまでの生協勤務ではそのノウハウがありません。手形の切り方すら知らず、試行錯誤を繰り返しながらも、早川さんは初年度から何とか黒字経営を達成。後に売場面積150坪の店舗を増築し、薬、書籍、100円ショップなども手掛けました。

現在地の根室市大正町1丁目に新店舗「マルシェ・デ・キッチン」を開業したのは

2004(平成16)年2月。しばらくは2店並行して営業を続けましたが、09(平成21)年に昭和町の店を閉め、以降は1店集中で経営に当たっています。

新店舗では取り扱いを食料品に絞り込み、これまで以上に鮮度と価格にこだわりました。開店当初は売れ残りも多く出ましたが、仕入れ量を控えたり古い商品を並べておくと店の評判が落ちます。この時期は廃棄量が多く資金面も苦しかったそうですが、3年も続けるとだんだん商品の回転率が向上し、経営が安定してきました。

取り扱い品種を絞った背景には、普及しだしたインターネットの存在が。いずれインターネットを介した小売りが主流になる、地方でも東京の店から直接ものを買えるようになると聞き、「ネットが苦手とする腐りやすいものを売ろう。一番影響を受けないのは食料品」と考えたのです。11(平成23)年9月には社長職を息子の元さんへ譲り、会社に顔を出す機会は少なくなりました。

株式会社マルコシ・シーガル　早川 昭貴彦

根室人として北方領土への関心は強く、千島歯舞諸島居住者連盟に加入して何度も現地を訪問。今年5月の色丹島への「北方領土ビザなし交流」にも参加。一線を引いた年には写真家の岡田敦氏がユルリ島の野生馬を撮影する際に根室市から付添人を依頼され、その後50回以上島に渡ったユルリ島のスペシャリストでもあります。

早川さんは83(昭和58)年2月に同友会釧路支部に入会。同年9月の根室地区会発足、84(昭和59)年の根室支部創設に立ち会いました。「全道大会などでよその町へ行くと同じレベルの会社がたくさんあり、それぞれの経営者の考えを知ることが学びにつながった」と振り返ります。88(昭和63)—89(平成元)年には根室支部幹事長、92(平成4)—93(平成5)年には支部長を務め、高田屋嘉兵衛、大黒屋光太夫ら根室にゆかりある人たちに関する勉強会を開き、その内容を「大人(たいじん)たちの根室史」と題する1冊の本にまとめました。

(2019年10月号掲載)

株式会社中田建築設計　代表取締役

中田　信広

なかた・のぶひろ　1949年7月10日、栗山町出身。東京の建設会社、道内外の設計事務所勤務を経て、74年に現事務所開設、80年に会社設立。

株式会社中田建築設計（南空知支部）

〒068-0123 岩見沢市栗沢町東本町16
TEL（0126）45-2146

業務内容　建築物の企画・設計・監理調査・耐震診断
設　　立　1974年設立
資 本 金　1,000万円
従業員数　2名

若者へ力を貸したい

意匠と構造の両輪が信念

株式会社中田建築設計　中田 信広

「実は75歳で会社をたたもうと思っていました」。しかし、このほど南空知支部が開催した創立50周年記念事業の特別講演会の中で、〝人生を野球の投手に例えれば、大手企業に勤めた人は6回裏で降板だが、中小企業の経営者は9回裏まで続投が可能〟という話題が。「持病もあるので9回裏まで続けられるか分かりませんが、最後まで現役を楽しみたいと思えました」と、もうしばらくは続投していく気持ちが出てきました。

中田さんは1949（昭和24）年に栗山町で生まれ、2歳の時に栗沢町（現在は岩見沢市と合併）に移り住みます。高校卒業後の進路を考えるに当たり、59（昭和34）年の伊勢湾台風で名古屋の多くの住宅が倒壊し、復興することが大きな話題になっていたことがきっかけとなり、建築の世界に進むことを決意。千葉工業大学建築学科に入学します。

72（昭和47）年に卒業後、東京の建設会社に就職。そこでは日本を代表する建築家で故・篠原一男氏が設計した『久ヶ原の住宅』『東玉川の住宅』の現場に携わるという貴重な経験を得ました。

しかし、母親の強い願いを受け、2年で帰郷を決断。74（昭和49）年に岩見沢市内の設計事務所に入社して構造設計を学びますがすぐに独立を勧められ、この年の7月に栗沢町で現在の事務所を開設しました。スタートから数年間は地元の農業協同組合の倉庫、商工会の事務所、町内の神社の社務所などを手掛けます。顧客からのデザインだけではなく構造なども含むさまざまな要望に対応しますが、提案した設計書に対する厳しい意見も多かったそうです。

78（昭和53）年、隣町の栗山町の青年会議所に入会し、さまざまな経験を得ます。その経験からある時、町の有力者に「自分は将来、近隣町村の公共の仕事も手掛ける設計事務所になりたい。ついては協力してほしい」と希望を大胆に述べる機会がありました。このような希望をはっきり述べたことが、翌々年には栗沢町立北斗小学校（現在は閉校）体育館建設の設計業務の獲得につながり、近隣町村の公共建物を受注できるきっかけとなったのでした。

87（昭和62）年には、当時あまり普及していなかったＣＡＤを導入して設計業務に活用。その成果は92（平成４）年、図書館・児童館・資料館で構成する複合施設「来夢21」（岩見沢市栗沢町）の設計コンペで、大手設計会社も加わった5社の中から最優秀を勝ち取ります。２階に配置された図書館へ外部から直接アプローチできる、長さ約40メートルのスロープを含む多くの曲線のあるこの建物は、ＣＡＤを活用したからこそ設計できたと振り返ります。

また、栗山町内にある閉校した旧雨煙別小学校施設を青少年向け体験型宿泊施設へと改修する事業にも参加。設計の意匠は道外の有名設計事務所が担いましたが、地元の気候や構造に強い中田さんが断熱・気密や構造設計の面で貢献します。

2005（平成17）年に世間をにぎわせた耐震偽装問題がきっかけとなり、08（平成20）年に創設されたばかりの構造設計1級建築士に挑戦します。3度目にようやく受かりましたが、自身はすでに60歳を迎えていました。「いわゆる60の手習いでしたが、小さな町でほそぼそとでも設計・監理専門の事務所を経営していくには、意匠と構造の両輪は欠かせない」との信念からでした。

これまでの実績が認められ、近年では農業機械製造販売の大手企業から、機械の大型化に伴う道内各地の機械整備工場更新業務を数多く受注したり、近隣町村のさまざまな建物の要望にも応えています。

同友会には、79（昭和54）年に入会。理事や常任理事を歴任し、南空知支部でも支部幹事長、支部長を務めるなど、長年にわたって同友会、支部活動に大きく貢献してきました。

南空知支部の創立50周年記念事業は、日本総合研究所主席研究員の藻谷浩介氏が講師を務めましたが、中田さんは以前に藻谷氏の著書を読んで興味を持ったことから、自ら直接今回の講演を依頼したそうです。

会社は自身も含め、同年代の社員2人のみ。お子さん2人は建築以外の道を歩んでいるため、いずれは会社をたたまなければと考えていますが、若き日の自身を振り返り「〝自分は将来これがやりたいんだ〟と希望を端的に言葉にしてくれる若者をこれからは応援していきたいですね」と自分が先輩から力を貸してくれたように、将来を担う若者へ力を貸していきたいと語ります。

（2019年11月号掲載）

株式会社中田建築設計　中田 信広

鈴木 享

十勝三菱自動車販売株式会社　代表取締役社長

すずき・すすむ　1942年6月22日、浦幌町出身。帯広ふそう自動車勤務を経て、77年十勝三菱自動車販売に移籍。86年から現職。

十勝三菱自動車販売株式会社（とかち支部）

〒080-0046 帯広市西16北1-21-5
TEL(0155)33-1313
業務内容　三菱自動車および中古自動車の販売など
設　　立　1977年設立
資 本 金　6,000万円
従業員数　55名

ディーラーは人が柱　サービスに経営精神体現

十勝三菱自動車販売株式会社　鈴木 享

「私たちの商品は何だろうとずっと考えてきました。でも、メーカーの商品は〝車〟で、ディーラーは〝人〟なんだと気が付き、ストンと納得できたんです」。昭和の自動車販売は、多くの消費者が自動車という製品を欲する売り手市場の時代。忙しさに追われながらも、着手できずにいた課題を心に留め置いたことが今につながると鈴木さんは振り返ります。

鈴木さんは1942(昭和17)年に十勝の浦幌町に生まれ、地元の浦幌中学校を卒業。高校は父が友人を頼りに探した東京の早稲田高等学校に進学します。学校から徒歩10分の永井武彦さん宅に下宿。15歳の一人暮らしが始まります。永井さんから書生と呼ばれ、庭掃除も手伝う毎日。鈴木青年は「下宿生」というより「家族」としての生活に親しみを感じ、今も親交のある永井さんの息子さんは兄のような存在だったそうです。大学は日本大学の理工学部経営工学科に進学。高校で理系クラスに進みましたが、根は文系の鈴木さんは経営工学科を選択します。「今思うと文系とか理系とかは関係ないですよね。最後はその人物の人間力が問われるわけです」。

東京で就職活動もしましたが、十勝に戻るよう打診が。65（昭和40）年、叔父の鈴木人勢さんが会長を務める、帯広ふそう自動車に入社します。配属されたのは上司も部下もいない企画室。社長のスピーチ原稿から年間改善計画まで、あらゆることを任せられました。部署に1人の環境で、ある意味丸投げされたことが考える力を身につける糧になったと振り返ります。

昭和は車業界が売り手市場だった時代。ディーラーもその数を増やしていきました。叔父にも三菱ふそうと同系列の三菱自動車から打診があり、77（昭和52）年に十勝

十勝三菱自動車販売株式会社　鈴木 享

三菱自動車販売を創業。常務として移籍した35歳の鈴木さんを含め、10人ほどでの旗揚げでした。

最初の数年は赤字続き。会長の叔父をトップに、鈴木さんと後に専務となる井上節夫常務の経営陣が試行錯誤を重ねます。社長も専務も置かない体制で、会長から「店を閉めるか」と切り出されたこともありましたが、徐々に経営は軌道に乗り創業から12年で当初の赤字を解消します。「会長はよく我慢してくれましたね。売れ筋のミラージュが業績回復に貢献しました」と当時を振り返ります。

社長就任は86(昭和61)年。毎日の仕事に追われる中、ふと仕事に疑問を感じます。「車はメーカーが作ります。では、ディーラーの商品は何なのか。私たちから車をとったら何が残るのか」。

そんなある時、自分たちの商品は〝人〟なのだとの思いに至りました。着手できずにいた課題はメモにして机の引き出しの中。数千にわたるメモをまとめ、〝人〟を柱として経営精神をまとめた冊子『新・十勝三菱』を編集。作業に2年を要しますが、今でも新入社員一人一人に冊子を手渡し、十勝三菱人としての気構えを伝えます。

「商品は人」の精神は、具体的なサービスとして体現されています。来客があると、女性社員が駐車場まで小走りで出向きお出迎え。国道から見えるショールームには、新車を展示していません。「オーナーさんの気持ちになって考えてみたんです。新車がショールームに見えたらマイカーを古く感じてしまいます。買うかもしれない人がお客様じゃない。今乗っていただいている方がお客様なんです」。

21世紀に入り、メーカーのリコール隠し問題と燃費不正問題という二つの荒波を経験。ただ、それを乗り越え今があるのも『新・十勝三菱』の精神と、それを理解してくれた社員のおかげだと感謝します。ショールームに新車を置かないという思い切っ

十勝三菱自動車販売株式会社　鈴木 享

た発想はメーカーから反発がありましたが、女性社員を中心に「リコール問題が起きている時期だからこそやりましょう」と背中を押す声があったのです。

現在、普通は新車を展示するであろうスペースは、来店客がくつろげるサロンと子どもたちの遊び場です。お子さんが入会するキッズクラブ会員は現在９００人を数え、誕生日には全員にバースデイカードが贈られています。鈴木さんが長年かけて築き上げた十勝三菱の精神は、従業員の手からオーナーのお子さんにまで届けられているのです。

同友会には、85（昭和60）年に入会。求人委員会を経て、とかち支部副支部長、理事を歴任しました。求人活動では学校や進路指導担当の教諭と意見交換。高校生は同時に複数企業を受験できないという現状を重く考え、「大学生は複数受験可能でなぜ高校生はだめなのか」と改善を呼び掛けました。

（2020年1月号掲載）

株式会社五島軒　代表取締役社長

若山　直

わかやま・なお　1945年7月20日、函館市生まれ。法政大学卒業後、留学を経て五島軒に入社。85年から現職。

株式会社五島軒　（函館支部）

〒040-0053 函館市末広町4-5
TEL（0138）23-1106

業務内容　レストラン、食品の製造販売
創　　業　1879年創業、1984年会社設立
資 本 金　3,920万円
従業員数　118名

函館の洋食文化形成

地場産食材メインに使用

2019(平成31)年に創業140周年の節目を迎えた五島軒。言わずと知れた函館市内の老舗中の老舗レストランです。「函館の洋食文化の形成に貢献してきたと自負できる」と話す4代目の若山直社長は、若い頃に自らもフランスでシェフとしての修行を積み、その時の経験や先代の教えを経営に生かしています。

株式会社五島軒　若山 直

同社は1879(明治12)年、若山社長の曽祖父・惣太郎氏がパン屋を開業したのが始まりです。同年、長崎県五島列島出身の武士で初代コック長となる五島英吉氏の協力を得て、ロシア料理やパン、ケーキを提供するレストランを開きました。

1934(昭和9)年の函館大火による店舗焼失などの困難を乗り越えて、現在は函館市末広町の本店に加え、札幌市内やさいたま市内で洋食バルも展開しています。北斗市内では工場を2カ所構え、カレーの缶詰やレトルト、洋菓子などを製造。いつ、どこにいても変わらない味を楽しめます。

若山さんは45（昭和20）年7月、函館市に生まれました。法政大学経済学部を卒業後、ドイツのフランクフルト大学で経済学を学びます。その後はフランスのヴィシー市に移り、市立のホテル学校「カヴィラム」が創設したばかりの調理学校コースに入学。若山家の習わしでフランス料理を学び、卒業後は市内の高級ホテルなどにコックとして勤務し腕を磨きました。

温泉地の同市では、バカンスを利用して1カ月ほど滞在し、温泉水を飲んで療養するいわば〝湯治〟が盛ん。数多くのホテルが建ち並んでいます。「長期滞在者が多いため、毎日違う献立を考えなければならず、健康面への配慮も必要。でも、おいしくなければ食べてもらえません」と当時の苦労を振り返ります。切磋琢磨（せっさたくま)した結果、モロッコの王族からお墨付きをもらったこともあるといいます。

帰国後は、五島軒に入社して専務取締役に就任。サービス部門の責任者を務めるなどし、経営の基礎を身につけました。「お客さまにはいろいろな方がいます。不合理な苦情も少なくありません。お客さまを見極め正しく対応するため、たくさんの方と関わり経験を養うことが大切です」と話します。

社長就任は85(昭和60)年、40歳の時でした。先代で父親の徳次郎氏(故人)から教えられた「手抜きをしない」を今も信条にしています。それは終戦後間もない頃の出来事です。五島軒の本店は在日米軍に接収されてしまいます。当時20代後半の徳次郎氏は会社の存続をかけ、函館市から市民会館を借り受け、そこでカレーライスや魚のフライなどの総菜を販売する事業を始めました。

料理は手抜きをせず、本店で出していたものと変わらない味・品質を心掛けました。アイスキャンディーなど新商品も作り、人気を博しました。「父は若かったが、多くの従業員の生活を背負っていました。相当な苦労だったと思います」。50（昭和25）年に米軍の接収が解除となり営業を再開。それまでの味を求めて多くの客が訪れ、会社は急成長しました。

こうした過去を踏まえ、「食べた人全員がおいしいという料理は世の中にはないと思う。ただ、料理は人が身体で摂取するもの。流行に乗ってふざけたり、手抜きをしたりせず真面目に作ることが一番大切」と若山さんは従業員に説いています。材料調達では地域の農水産業への貢献を目指し、肉・魚、野菜や果物などは地場産のものをメインに使用。現在は18歳で入社し、30年の経験を積んだ女性のベテラン総料理長が腕を振るっています。

こうした料理に対する姿勢が高く評価され、89（平成元）年には当時の天皇・皇后両陛下（現上皇・上皇后両陛下）が来店されました。道産の鴨肉を使った名物の鴨カレーを召し上がり、五島軒の名前を全国に知らしめました。

今後は高齢化社会を踏まえ、高齢者も食べやすい商品を開発する構想を掲げる若山さん。「自分の代では店舗を増やす考えはないが、お客さまに近い立場でアイデアをたくさん持っている若い世代に期待したい」とも話します。

同友会には77（昭和52）年に入会。03（平成15）年から16（平成28）年まで函館支部副支部長を務め、現在は幹事として支部の活動を見守っています。また、「これからはスイーツを函館のもう一つの目玉にしよう」と、函館スイーツ推進協議会を立ち上げて代表を務めています。19年に世界遺産への推薦候補に決まった北海道・北東北の縄文遺跡群にちなむ「縄文スイーツ」の確立と普及に力を注ぐ毎日です。

株式会社五島軒　若山 直

（2020年2月号掲載）

株式会社シモモト工芸社　代表取締役会長

下元　小夜子

しもも と・さよこ　1948年6月5日、旧端野町出身。夫の後を継ぎ、2007年から現職。

株式会社シモモト工芸社（オホーツク支部）

〒090-0813 北見市中ノ島町3-1-33
TEL(0157)23-6998

業務内容　屋内外デザイン設計施工、内装・外装工事のほか、オリジナルごみステーションの製作を手掛ける
創　　業　1971年創業、81年法人化
資 本 金　1,000万円
従業員数　12名

人とのつながり礎に

看板製作 アイデアが技術

株式会社シモモト工芸社　下元 小夜子

下元さんは、1948(昭和23)年、旧端野町で生まれます。北見北斗高校卒業後、丸玉木材に就職し、経理などを担当していました。70(昭和45)年に前社長の下元忠義さんと結婚します。その頃、忠義さんは映画などの看板を製作する会社に勤めていました。翌71(昭和46)年に忠義さんが独立し、シモモト工芸社を創業。当初は広告・美術・看板施工を主に受注していました。

下元さんは経理の経験があったため、給与の管理や社員の食事作りなどを通じて会社を支えます。「主人の前の勤務先から付いてきてくれた社員が2人いました。食べさせていけるか分からないから来なくていいと言いましたが、一生懸命頑張ってくれました」と創業当初を振り返ります。当時は徒弟制度が根強く、「社員を引き抜いた」

と怒られたこともあったそうです。

転機となったのは95（平成7）年、忠義さんの急逝でした（享年51歳）。持病のぜんそくと高血圧から脳出血で倒れ、救急車で病院に運ばれましたが、その日に亡くなりました。「あまりの突然の出来事に、災害に遭ったような感覚でした」

下元さんは長男の陽司さん（現社長）や社員と話し合い、会社の継続を決めました。当時、札幌の屋外サイン製作会社に務めていた陽司さんは、会社を辞めて手伝ってくれることになりましたが、その会社の社長は大変面倒見が良く、鉄骨を切る機械や重機を無償で提供してくれるなど、応援してくれたと言います。陽司さんの入社をきっかけに、内装工事など建設業にも事業を拡大しました。

ただ、営業の経験はゼロ。「無我夢中で大変と感じる時間もありませんでした。亡くなって1カ月後には名刺を作ってもらい、片っ端から営業に回りました」と下元さん。手探りの状況が続く中、同友会でのつながりが後押しになりました。

同友会には、知り合いの経営者に誘われ、94（平成6）年に入会。後継者の育成に関する勉強会に参加し、会員同士で課題や解決策を共有し合いました。また、当時は国政選挙の看板づくりの仕事も多く、選挙を通じた人とのつながりもあり、就任のあいさつをする場所には困りませんでした。

はじめは、営業と言われても何をしていいか分からない状態。保険のセールスに間違われることもありましたが、小まめに足を運ぶことで信頼関係を築くことができ、新規の契約も増えていきました。「長く取引している業者同士でもなれ合いになり、不平不満を抱えていることも知りました。悪く言えば仕事を取られたと思う人がいたかもしれませんが、自分のような新参者にもチャンスはあると思えるようになりました」

同友会や選挙での〝人〟とのつながりが、経営の礎となりました。「まだ主人の事を覚えている人もいてありがたく感じます。今の時代は営業なしでは経営は難しい。昔は良い仕事をしていれば黙っていても仕事が来るという職人気質の時代でしたが、現代はＳＮＳなど情報も多くスピード感が違う」と言います。

自社の強みについても〝人材〟を挙げます。「どこに出しても恥ずかしくなく、周囲からもよく働くと言われます。夏祭りや菊まつり、厳寒の焼き肉まつりなど、地域イベントの設営も担当していますが、社員はイベントが終わるまで事故がないか目を配っています」

そして「今の社員はアイデアが豊かです。看板製作の会社は数多くある中、これからはアイデアが技術になっていくと思います。そういう人が生き延びると感じます」

同友会は忠義さんの逝去を機に95（平成7）年に一度退会しましたが、２００８（平成20)年に再入会。きっかけは北見で開催された同友会主催のイベントで、ラジオ局で働いていた長女のあずささんが司会を担当したことでした。そこで懐かしい経営者仲間に再会し、再入会を決めました。

現在、60歳以上のメンバーによるプラチナの会で親睦を深めています。「最近の傾向は、同友会でも自動車整備や企業へのコンサルティングなど、20代で起業する方も多く、女性や若い人の活躍が素晴らしいです」と次世代の活躍に期待を寄せます。

同友会の魅力は、「分からないことがあっても、世間体を気にせず気軽に聞ける雰囲気があること。就業規則を自分で作ってみようと思ったのも同友会がきっかけです。さまざまなキャリアの方がいます。社労士の方に煩雑だが一度自分で作ってみた方が良いとアドバイスされました」と、辞書のような存在だと親しみを込めます。

（2020年3月号掲載）

有限会社利尻屋みのや　顧問

簑谷　修

みのや・おさむ　1940年2月23日、利尻島出身。製缶会社勤務を経て、51歳で創業。2019年10月から現職。

有限会社利尻屋みのや　（しりべし・小樽支部）

〒047-0027　小樽市堺町1-20
TEL(0134)25-4060

業務内容　昆布・海藻小売り店。小樽市内で5店舗を展開
設　　立　1991年設立
資 本 金　500万円
従業員数　30名

ホラ吹き夢突き進む

100年暮らせる街づくりを

小樽にある唯一の昆布専門店です。店の看板や商品には怪しい言葉が並びます。自身を「ホラ吹き」と呼ぶ簑谷修さん。たった一度の人生だからと遊び心を持って、うそはつかずホラを吹いて夢に向かって進んできました。

有限会社利尻屋みのや　簑谷 修

北海道宗谷地方の日本海に浮かぶ利尻島。簑谷さんは島東側の鴛泊村(現・利尻富士町)で、9人きょうだいの五男として生まれます。父親は漁業や水産加工に加え、街唯一の商店も営んでいました。そういった環境からか家では夜な夜な大人が集まり、酒をくみ交わしながら港や道路、地域の将来を熱く語っていました。簑谷さんは「大人たちが夢や理念を膨らませ、それを鼓舞するような様子を見ていたことが、私の〝ホラ吹き〟につながった」と振り返ります。

当時、父の商店に入る商品や物資は全て小樽の会社からで、にぎやかで活気あふれる小樽はとても魅力的でした。〝小樽へ行って社長になる〟という夢を抱き、簑谷さんは1956(昭和31)年、16歳で島を出ます。そして、千秋高校(現・小樽工業高校)の機械科を卒業。小樽の製缶会社に30年勤めますが、自分は社長になれないと悟り退職を決意します。ふるさと・利尻の昆布を販売しようと計画しますが、「昆布で飯は食えない。昆布屋とびょうぶは広げると倒れる」と指摘される始末。否定されたからこそ競争相手がいない昆布が良いと、かえって反骨心に火が付きました。

函館に嫁いだ姉から、小安海岸で養殖され、芽が出て3カ月ほどで間引きした柔らかいマコンブが送られます。一般の食卓には上がらず、漁師が食べるというものでしたが、これまでの厚くて固い、だしに使われる昆布のイメージが覆されました。こうして煮込みや炒め料理に使え、湯豆腐にも入れて食べられる昆布「湯どうふ昆布」を開発しました。

51歳の1991（平成3）年、昆布専門店「利尻屋みのや」を堺町通沿いで創業。小樽で社長になるという夢はかなったものの、余りにも売れないので独自の〝怪しい商法〟に切り替えました。「七日食べたら鏡をごらん」。店頭に怪しいキャッチフレーズを書いた看板を掲げます。栄養が豊富で健康にも良い昆布を食べることで、女性の美容にも良いとのアピールを狙ったものですが、妻の茂子さんは「インチキくさい」と一刀両断。ですが、このインチキくささがお客さんの目に留まると考えます。「商売は売るより人を集めることが大事」と。

商機はネーミングにあるとし、商品名もユニークに。「アラジンの秘密」「百五十歳若返るふりかけ」と、一瞬見た・聞いただけでは分からないですが、怪しさに興味を引かれます。「アイデアを考えるのはトイレが多く、中はメモや本だらけ」と明かします。

店内にも仕掛けを施します。売り場面積は15坪ほどに抑え、30人ほどのお客さんが休憩できるスペースを設置。そこでは商品を使った昆布茶やおみそ汁の試飲・試食もできます。「店内にお客さまが休んでいることで、次のお客さまが入りやすく感じる」。これは映画「男はつらいよ」の寅さんから学んだ〝サクラ効果〟と説きます。

一方で、簑谷さんは〝文化のない所に経済の発展はない〟と考えます。本店には昆布の歴史をユニークに紹介するミュージアム「ホラ吹き昆布館」を併設。取り組みは堺町通に大正の街並みを取り戻す構想へつながり、ついには2007(平成19)年、文化の核とする拠点「出世前広場」を開設。自ら5億円を投じ、街並みづくりの起爆剤を作りました。

「観光地として小樽が生き残るには〝レトロ路線〟が最も重要」と指摘する簑谷さ

ん。広場は複数棟で構成するミニ商店街の形式ですが、大正・昭和のデザインで統一。飲食店や旅館などが入るほか、小樽を代表する企業の歴史や昔の生活道具を展示するなど文化の発信も担っています。

簑谷さんは、先に死に行く大人の務めとして「子どもや孫が安心して暮らせる街並みをつくることが大切」と語ります。幼い頃に利尻で大人たちが地域のためにと意見を交わす姿を通じ、自分だけではなく常に〝公〟を考えるという姿勢を学んだからです。第二のふるさと・小樽へ最後の奉公として、今後も100年暮らせる小樽を目指し、街並みづくりに取り組んでいきます。

同友会には、2000（平成12）年に入会し、10（平成22）年からしりべし・小樽支部の幹事を務めます。支部では井上一郎さんらと交流を深め、くしろ支部などで講演しました。

（2020年4月号掲載）

きもの舎けん美株式会社　代表取締役

星　勝彦

ほし・かつひこ　1942年3月20日、江別市出身。金市館(当時)での勤務を経て独立。

きもの舎けん美株式会社　(札幌支部)

〒069-0822 江別市東野幌732
TEL(011)382-8283

業務内容　呉服、宝飾、健康関連商品などを取り扱う
設　　立　1985年に前身会社を設立し、2000年に現社名へ変更
資 本 金　1,000万円

〝つながり〟こそ大事 時代に合わせ臨機応変で

「伝統商品の呉服、地域への貢献、同友会活動。人生を振り返ってみると、何事も一貫して〝つながり〟を大切にしてきました」

きもの舎けん美株式会社　星 勝彦

星さんは1942(昭和17)年、6人兄弟の次男として江別市に生まれます。小中高を市内で過ごした後は、兄弟も多かったことから就職を決意。叔父の紹介で、昭和時代に札幌のデパートとして市民に愛された、金市館(当時)に勤めることとなりました。入社して2年目、会社が室蘭に出店することとなり、新店舗の呉服・寝具売り場の責任者を任されることに。19歳という若さで周りの従業員も女性ばかり。苦労もあったはずですが、「自分が今居る地域や環境に溶け込むことが好きな性格で、その街にどのような店やお客さまがいるかを調べるのは楽しかった」と振り返ります。

室蘭での出店の経験を生かして、その後も札幌、岩見沢、釧路で新規出店する際には、各地で売り場や店舗全体の責任者を務め、常に新たな場所で店のスタートと発展を支えてきました。

伝統商品で高価な呉服は、「顧客一人一人との〝つながり〟が大事」と、星さんは説きます。また、お客さまにとって呉服は「着て楽しむ」ものであり、販売だけでなく「着ていく場所」の提供も合わせて必要だとし、催事の開催も積極的に取り入れました。

ある時、会社全体の売り上げの多く占めていた岩見沢店が落ち込んできたことから、星さんが呼び戻されます。購入する頻度も多く客層も幅広い肌着などの軽衣料と違い、重衣料の呉服はリピーターとして継続購入してくれるいわば〝お得意さん〟が対象。星さんはお得意さんとのつながりが切れてしまったことが要因と気付きます。

再びつながりを取り戻そうと奔走する中、顧客でもあった店舗近くの日本料理店が催事会場を提供してくれることとなり、「これまで大切にしてきた〝つながり〟の重要性をあらためて実感した」と語ります。加えて、従業員の人材育成にも力を入れていかなければならないと決意。朝礼に力を入れ、日々の仕事の中で気付いたことやお客さまのことを細かく伝えるなど意識の共有を図り、成長につなげていきました。

星さんは、地域とのつながりも重視します。当時、岩見沢の神社で開かれる祭りには大勢の人が集まるので、店舗前の4条通沿いにもにぎわいをつくりたいと考えました。知り合いの経営者の力を借り、世界一の大臼を使った餅つきイベントを構想。企画を進める中で、さらに人のつながりや縁によって協力者が増えていき、街を代表する恒例行事『ふるさと百餅祭り』の立ち上げに至りました。

その後、札幌の金市館へと戻りますが、同社は89（平成元）年に大丸スーパーと合併し、ラルズ（現・アークス）が誕生。一方で時代の流れも受け、掛け売りが基本で在庫の保有も多い呉服部門の成績は厳しくなっていきます。そこで一念発起し、92（平成4）年に50歳で同社を退職。縁あって友人2人と設立した会社で、星さんは呉服事業を展開します。

サラリーマン時代の経験から、どの会社経営も時代によって波があると考え、従業員は雇わず1人経営の道を決意。また、前の職場で「在庫は抱えるな」とアドバイスされたことから、問屋による展示会販売の形態とし、規模によって札幌のホテルや自宅に併設して建てた事務所などを使い分けています。

一方で、時代の変化に合わせた事業へ柔軟に対応していきます。呉服業界では客層の高齢化が進んだことから、健康関連商品に参入するメーカーが増加。星さんもこの

きもの舎けん美株式会社　星 勝彦

変化を見逃さず、「臨機応変に変えられる環境をつくることが大事」として、即座に展示会場に健康コーナーを設けるなどしました。現在は呉服、紳士服、宝飾、健康関連と幅広い取り扱いで、顧客一人一人に寄り添ったサービスを徹底しています。

同友会には、1995(平成7)年に入会しました。特に江別地区会長時代が思い出深く、事務局員と協力して会員増強に奔走したほか、「異業種懇親会」「500円の会」「WEえべつ祭り」などのイベントを新たに企画し、会員の交流を深めるのに一役買いました。

「交流によって互いの会社のことや商品を知ることが、自分の会社の発展にもつながる」と星さん。「同友会活動では会員同士が知り合い、交流につながることが大事。そして同友会でできたつながりは簡単には途切れない」と、若い経営者たちには交流を通じた勉強により一層励んでほしいとアドバイスします。

(2020年5月号掲載)

綱木保利税理士事務所　所長

綱木　保利

つなき・やすとし　1947年3月12日、厚真町生まれ。駒澤大学大学院修了後、苫小牧市内の会計事務所勤務を経て、84年に独立。

綱木保利税理士事務所 （苫小牧支部）

〒053-0816　苫小牧市日吉町2-10-4
TEL(0144)75-3882

業務内容　月次帳簿データ監査、決算・申告の事前予測及び中間・確定業務、各種税務相談など
創　　業　1984年創業
従業員数　18名

役立つ心で経営相談

〝真のニーズ〟を引き出す

「利益」には「儲ける」のほか「役立つ」という意味があります。役に立つとは相手に押し付けるのでなく、顧客が経営上プラスになればそれが役立つことなのです。

綱木保利税理士事務所　綱木 保利

綱木さんは1947（昭和22）年、厚真村（現・厚真町）で7人兄弟の6番目に生まれます。複式学級だった野安部太小、厚真中を経て苫小牧東高に進学。高校生の時は新聞店に寝泊まりし新聞配達をしながら通学したこともありました。

その後、東京の立正大学に進学。実家は農家で沢山の兄弟がいる中で大学進学は金銭的に厳しいものがあり、綱木さんは奨学金を得るため育英会のI期生となって東京でも新聞配達、拡張、集金のアルバイトを行いました。

振り返ると、大学時代には約80種類のアルバイトを経験しました。土木、造園、タイヤ造り、植字、事典販売、家庭教師、プレイガイド、喫茶、ビアガーデン、選挙運動、貨車積み込み、菓子作り、夜間救急病院—。「この経験が後から思えば良い体験、勉強になっています」と話します。

現在の仕事に通じるきっかけとなったのが、大学卒業真近の頃の友人の言葉です。「税理士という仕事が儲かるらしいぞ」。綱木さんは「そうかぁ」と思い、税の勉強をするために駒澤大学大学院経済学研究科財政学専攻に進学します。修了後、苫小牧市に戻り税理士事務所へ就職、同時に中学の同級生だった現在の奥様と結婚、そして車の免許取得と慌ただしいスタート。勤務の傍ら税理士資格取得に向け勉強し、資格取得と同時に、当時の事務所所長の計らいもあり、独立することになりました。

84(昭和59)年に独立。アパート6帖間からの事業スタートでしたが、独立早々からさまざまな相談ごとに恵まれます。こんなこともありました。ある時、顧客に電話するといつもと様子が違いました。すぐさま駆けつけると、社長は取引先に金が払えないと自暴自棄になり、やけ酒でかなり荒れている様子。綱木さんは「こんな大事な時にやけ酒を飲んでいる場合じゃない」と諭し、その後自宅にも何度も招き、互いの夫婦同士で話し合った結果、当面の危機は乗り越えました。「私の力ではなく顧客の努力の成果ですが、〝生き返られた〟ことが嬉しく、この仕事は税金のことだけではない」と肌身を持って体感しました。

役立つ心は、その輪を広げる必要がありますが、綱木さんの独立当初の顧客獲得方法はまさに泥臭さそのもの。綱木さんは食事はいろいろな喫茶店にいつも同じ時間に通い、いつもそのお店毎、同じメニューを注文しました。マスターから「ちょっと変わった人だな」と思われたらこちらのもの。それがきっかけで店主と親しくなり、地域の話などをよく教えてもらうようになりました。

独立当初は無謀にもいきなり5名でスタートした事務所でしたが、今も18名が勤務しています。職員には開業当初から「事務所に来る人はどんな人のことも差別してはいけない。そして、あいさつだけはしっかりするように。それが仕事の原点である」と教えています。特にあいさつは綱木さん自身が、新卒で働き始めた会計事務所で自分から積極的にあいさつをしていたら、いつしか事務所全体があいさつをするようになったという経験があります。「新人でも社風は変えられる」と言います。

「税理士の仕事は税金を扱うだけではありません。事務所に来た人が笑顔で事務所から帰ってくれたら成功です。顧客の真のニーズを引き出すこと、顧客の小さな変化に気づくことが仕事です」と綱木さん。「客の役に立つとはどういうことなのか。税理士事務所というと、〝利益〟だとか〝税金〟というような言葉が前面に出過ぎるところがありますが、結果はあとからついてくるものです。経営に関することはこの先、ますます大事になってきます。今は新型コロナウイルスの影響もあり、今後は資金繰りをはじめとする経営に関する相談がますます増えてくると思っています。業務体制の大改革の上、これまでの経験を生かし、この職業を通じて人の役に立ちたいです」と意気込みます。

同友会には85（昭和60）年に入会。「同友会にはいろいろな人がいて、学ぶことが多いです。いろいろな情報をもらったり、人の前で話す機会をもらったりもしました」。2005年から15年までは副支部長も務めました。苫小牧支部で企画した日本酒「美苫」（びせん）は、〝美しい苫小牧〟の文字を取って綱木さんが命名したもの。感慨深いです。

（2020年6月号掲載）

綱木保利税理士事務所　綱木 保利

職人工房株式会社　代表取締役

一関　脩

いちのせき・おさむ　1947年6月1日、秋田県生まれ。73年に北海道フキを創業し、74年に組織変更。2012年まで代表取締役を務める。

職人工房株式会社　（札幌支部）

〒065-0008 札幌市東区北8東8-1-1
TEL（011）721-4169
業務内容　合鍵、印鑑、名刺、靴修理など生活支援サービス・メンテナンス
設　　立　1999年設立、2002年に現社名へ変更・法人登記
資 本 金　600万円
従業員数　18名

10年かけた事業承継

アフターサービスを重視

自身が経営者として独立の道を歩んできたため、社員や周囲の独立も応援する姿勢です。一方で事業を始めた責任として顧客、社員、地域のためにも後世へ引き継ぐことが大切と考え、企業の〝事業承継〟を重視してきました。

職人工房株式会社　一関 脩

一関さんは1947（昭和22）年、秋田県五城目町で5人兄弟の次男に生まれます。農家を営む忙しい両親に代わり、面倒を見てくれた祖父・宇一さんから「家は長男が継ぎ、次男はいずれ出て行くもの」と教えられます。高校入学後は家業の手伝いもあって、バイクと耕運機の免許を取得したことで整備に詳しくなります。これが進路を考える際、「機械いじりは誰にも負けない、腕次第でお金を稼ぐことができる」

と、経営者を志すことにつながりました。

北海道自動車短期大学(当時)を卒業し、68(昭和43)年に都内の自動車販売会社に入社。ただ、入社後3年で独立を決めていたため退社したいことを伝えると、面接時に会社からは「一人前となる3年目から会社は元を取れるんだ」と言われ、それなら3年以内に会社に元を取って貰えるようにすると公言し、新人賞を取ると宣言。名刺1枚で社長に会える営業は楽しくもありましたが、「本当は赤面症で人と会う営業が大嫌いだった」と一関さん。それでも志を遂げる為、寝る間も惜しんで積極的に人に会い、売り上げを伸ばします。そして宣言通り、新人賞を獲得。翌年は金バッチ、次の年も金バッチと連続して箔を付けました。

お世話になった会社への恩義から、予定を延長して72(昭和47)年に退社。会社員時代に顧客だったゴトウ(当時)の後藤茂社長とのご縁で、73(昭和48)年に札幌で鍵の専門卸「北海道フキ」を創業します。しかし、当時は道内に鍵の専門卸店はなかったものの、全く売れません。「営業はそれなりに自負があり、売りたい熱意もあったが信用がありませんでした」。そして、〝営業はこうじゃなきゃ〟ととらわれているのではだめだと考え、仕事や商品は時代に合った変化が必要と気付きます。

当時の合鍵業は売りっぱなしで、アフターフォローがないことに注目。修理や調整、技術指導を無償で行ったところ、お客さまの支持につながり注文が増えていきます。その後はアフターサービスとメンテナンスを重視したサービスを徹底し、鍵関連商品も増やしつつ、カードロック、防犯ベルといった新たな鍵分野にも進出します。

現在は合鍵製造、金物・素材卸、建築資材販売の3事業を柱に展開。関連企業として、79(昭和54)年に鍵紛失、防犯設備関連を扱う札幌キーセンターを設立し、フキロックサービス、イチカンビルテックと次々と分社しました。

自身は2012（平成24）年、北海道フキを長男・修平氏に事業承継。第2創業は対面販売形式の職人工房を立ち上げ、99（平成11）年に1号店を開業。現在は札幌市内5店舗、岩見沢市内と青森県に各1店舗を展開しますが、今年6月に全店舗を独立させました。

「今後は経営者として、1年365日、一日24時間、会社のことをひたすら考えて貫おう。私はその覚悟を持ったら事業は成功すると思います」と心構えを説きます。新型コロナウイルスの影響で厳しい現状ではあるものの、だからこそ経営者として〝変革〟が求められ、今後の転機にもつながるとも述べます。ただ、「まだまだ経験不足な点が多い新事業社長を陰ながら2、3年フォローできれば」と見守っていく考えです。

同友会には、81（昭和56）年に入会。未知の会の立ち上げ、事業承継等第2創業を学び合う「無二の会」を07（平成19）年に発足し、初代代表世話人を務めました。当初は

職人工房株式会社　一関 脩

60歳以上が対象でしたが、今は50歳以上へ門戸を広げ、多くの会員が参加しています。また、修平氏とともに地区会例会や支部主催のセミナーで事業承継の経験を報告するなど、会員企業の学びにも広く貢献しています。

一関さんは貸借対照表（バランスシート）を社員らに公開しています。「貸借対照表はいわば経営者の通信簿。そこに不透明な部分があれば、事業承継したくても受け入れて貰い辛いものです。内容を見せて納得してもらうことで承継する側も覚悟を持って引き継いでくれる」とアドバイス。

しかし、自身の経験から「事業承継は創業よりも難しいものと考え、前後に5年ずつ、10年という期間は必要ではないか」とも指摘。最も大切なことは「自分はどうしていきたいのか、今後のことを常に思い描き説いて行くことが必要」と、改めて経営者としての覚悟を訴えます。

（2020年7月号掲載）

旭川通運株式会社　取締役相談役

窪田　明規夫

くぼた・あきお　1947年7月28日、富良野市生まれ。70年に入社し、2007年に代表取締役社長就任。20年6月から現職。

旭川通運株式会社　（道北あさひかわ支部）

〒079-8452 旭川市永山北2-8-14-1
TEL(0166)40-1515
業務内容　鉄道利用貨物自動車運送業、一般貨物自動車運送業など
創　　業　1950年創業
資 本 金　5,000万円
従業員数　165名

旭川通運株式会社　窪田 明規夫

旭川の発展守る物流

地域経済寄与で好循環に

運送業も観光業も地元の人や物をつなぎ、広げる仕事。旭川通運を舞台に遂げたその仕事に「失敗はない。最善を尽くしたから後悔はない」と明るく振り返ります。「運にも人にも恵まれた」と肯定的な姿勢が賛同者と機会を生み、「逆の発想から見る」という多面的な情報分析を強みに、未来を展望し自分の道を伸ばしてきました。

窪田さんは1947(昭和22)年、富良野市麓郷で教職の両親の元に生まれます。5男3女の末っ子は、母の受け持つ教室の窓辺で育ちます。父は物心つく前から校長先生。同僚や保護者を大事にし、率先し田舎に赴任する、生涯を教育にささげた信念の人でした。

小中高は父の転校に伴い当麻町、東神楽町、美瑛町と転々。父の背中を見て兄弟は教職に進みますが、窪田さんには社長となる夢がありました。「レールの敷かれた人生にしたくない」と66（昭和41）年、道外へ自由を求め推薦を得た中京大学へ進学。学生寮の石心寮は厳しかったですが「要領が良いと先輩に可愛がられた」と笑います。

卒業後、生まれ育った道北の地で就職。創業20周年だった旭川通運へ。決め手は同族経営ではない会社。「自分を曲げてまで仕事をしたくない」との思いでした。信念を貫く父の姿が心にありました。

「1人では何もできない」と仲間を大切に、小口部門から仕事を覚えていきます。当時は、「トラックではなく馬車が活躍。地域をつなぐのは鉄道しかなかった」という時代。「全てやった」という下積みは6年ほど続き、運送の基礎を知る大切な日々に。机に縛られず色んなことができることを楽しみ、高い経済への貢献度とやりがいを実感します。

旭川通運株式会社　窪田 明規夫

その後10年ほど営業職に。「信頼され、物でなく自分を売り仕事をもらう」。新たな舞台は、元来人好きな窪田さんにさらに活力を与えます。次いで航空貨物に携わり10年。鉄道より高い料金で運ばれる荷物に付加価値の面白さを感じます。記憶に残るのは千歳営業所の立ち上げ。所長としてゼロから始め、当初は売り上げが1日3000円の時も。「満足したら払って」と仕事をつかみ、航空運送の利点を生かした生産体制の事業提案など相手の懐に入る営業で、売り上げを1年で2億円、5年後には5億円へ伸ばします。

旭川に戻り、小口と鉄道貨物の担当部長を経て2001(平成13)年に管理担当役員に。小口部門では50人いた半数を転籍、半数を外注し黒字化します。4年後に代表取締役専務、もう2年で社長となりました。自分の思いが発端の改革だったと自身の歩みを振り返り、社長として社内に「自ら拓く」姿勢を浸透していきます。

「会社は世のためでなく、そこで働く人のためのもの」と、豊かな社員生活を願い職場環境の改善に取り組み、事務所を再編しましたました。団塊世代の定年期に合わせ浮いた人件費で建設費を捻出し、本社と道内3営業所を建て替えます。倉庫も計4棟2000坪ほど拡充し、柱の1つに成長させました。

15（平成27）年にはホテルラッソグランデ旭川（現・ホテルWBFグランデ旭川）を旭川駅横に開業。計画時、社内では大反対にあいましたが、頭にあったのは地域への恩返し。本業の再編が一段落つき60周年を迎えた頃、「ここまで来られたことに、物を運ぶだけではお返しできない」と感じたのが発端です。旭川周辺は市を核とした農村都市という発想で、お世話になった地域の農産物を受け入れ消費できる場所、さらに地域の魅力を市外の観光客に伝える場所として構想しました。「企業で大切なことは地域経済への寄与。時には損することが大切な時も。まさに循環型で仕事をもらい、

旭川通運株式会社　窪田 明規夫

仕事を与えられる社会」と話すように、地域経済の持続性を求めた一手でもありました。

同友会では80（昭和55）年、第1期幹部社員共育講座を受講。支部設立の数年後で「活気があった」と振り返ります。コロナ禍でも同友会は、会員目線の運営で会員一丸で乗り切る姿勢が顕著と分析します。

交通戦争時代の経験者として、「多くの悲惨な輪禍があった一方で、社会的交通整備・規制が進んだ面もある。コロナにおいてもさまざまな対策が定着していく」と展望します。問題は「変われるきっかけとして考えられるか」という点。「この厳しい状況を運がないと考えるのは間違い。みんなに運がある。それを自分の物にするかしないか、多面的に見なければ発見はない。その努力で運を手放さないようにしなくては」と後継にも期待を寄せます。

（2020年8月号掲載）

北海立地株式会社　代表取締役

大場　勝己

おおば・かつみ　1943年10月10日、樺太生まれ。自動車販売会社、不動産会社勤務などを経て、80年に北海立地を創業。

北海立地株式会社（札幌支部）

〒060-0042 札幌市中央区大通西15-2-3
TEL（011）643-6661

業務内容　不動産売買・仲介、賃貸物件仲介・管理、土地付き注文住宅受注
設　　立　1980年設立
資 本 金　4,800万円
従業員数　6名

人々に支えられ40年

顧客が損をしない物件を

7月に会社は創業40周年を迎えました。この年を迎えられたことは、自らの努力だけではなく「お客様や従業員の皆さん、建設、土木、不動産関連企業など、多くの人々に支えられたからこそ」と、周囲への感謝を忘れません。

北海立地株式会社　大場 勝己

大場さんは1943（昭和18）年、樺太で生まれました。日本の敗戦に伴い、2歳で両親、姉、妹とともに樺太から引き揚げ、父の兄が住んでいた道東・池田町東台に移住します。高校卒業後は帯広で自動車販売会社に就職し、自動車用品の営業部門に配属。仕事を通じてタクシー会社や運送会社の経営者らとの出会いがありました。当時の世間の月給は1万円程度でしたが、経営者らと交流を重ねる中、個人の努力次第でより多くの給与を得られる仕事もあると知り、社会の中で自分の力を試し結果を得たいという気持ちが芽生えます。会社員生活に別れを告げ、68（昭和43）年9月に札幌で営業車に乗ります。約2年で目標の資金を貯めた後は、個人経営のトラック運送を始め、夏季は建設工事用の砂利運搬、冬季は栃木や千葉など道外まで出向くなど、自身の実力を試すように仕事に励みました。

このような生活の中、大場さんが不動産業界と巡り会うきっかけとして、2つのエピソードがありました。営業車に乗っていた頃、不動産会社に勤める地元の同級生から、物件購入の話を持ちかけられます。同級生の紹介とあって勧められるままに購入した土地は、実は山奥の将来的に絶対に価値が期待出来ないような物件でした。

さらに、20代後半にも知人から東札幌にある物件を紹介されます。条件などの詳細もあまり理解出来ていませんでしたが、相手の言うことを信じ、居酒屋を始めます。

北海立地株式会社　大場 勝己

自身では購入したつもりの物件でしたが、後から貸主に家賃の支払いと敷金の供託が必要な居抜き物件であることに気付きます。

相手を疑わずに信じてしまった、いわば大場さんの人柄の良さがあだとなったつらい経験とも言えますが、「これで自分の無知を知ったことで、不動産業界に興味を持てた」と明るく語ります。そして、宅地建物取引士の資格取得を目指し猛勉強に励んだ結果、見事1回目の試験で合格しました。

73(昭和48)年1月、現在の石狩市花川南地区である「新札幌団地」の開発を手がけた内外緑地(後にユー・アンド・アイ・マツザカ)に入社しますが、オイルショックのあおりを受けて76(昭和51)年に倒産してしまいます。

社長の故・松坂有祐氏は、高額所得番付の常連で当時の北海道を代表する経済人。高いリーダーシップを持つ一方、周りが見えなくなるほどに自身の理想や夢に突き進む面もありましたが、業務における大場さんの積極的な意見や要望を受け入れてくれ、「不動産業務に関する基本、多くの経験を与えてくれた」と自身の〝第2の親〟であると振り返ります。

倒産後の残務整理業務を経て、80（昭和55）年に北海立地を創業します。「かつて不動産知識のない自分が失敗したように、知識のないお客様が損をして悲しい思いを決してさせない」との信念を持ち、顧客に対して常に誠実な仕事を徹底してきました。

創業当初は、戸建て住宅用地の開発・売買・仲介を手掛け、89（平成元）年には賃貸住宅の管理業務もスタート。順調に売り上げを伸ばしていきます。宣伝広告は自社の物件情報のみとし、会社のイメージアップを図る広告は一切行いませんでした。会社の規模や事業の拡大にとらわれず、安定した事業規模を継続することで、顧客との信頼関係を大切にしてきました。

北海立地株式会社　大場 勝己

また、同友会の合同企業説明会に参加したことで、２級建築士の資格を持つ学生を採用します。これがきっかけで、96(平成8)年には戸建て住宅の施工を手掛ける子会社の「北のハウス」を設立しました。

新型コロナウイルスの影響で世の中は大変な状況にありますが、「今後ワクチン開発といった対策がどんどん進んで早期に収束する。経営者としてこのように希望を持って前を向いていきたい」と気持ちを奮い立たせます。

同友会には、87(昭和62)年に入会。２０００(平成12)年から16年間、札幌支部中央西地区会幹事を務めたほか、札幌以外の道内各地で開かれた会合やイベントなどにも積極的に参加してきました。

「同友会ではマスクを着けていても、顔を見ればすぐに気付いてあいさつしてくれる」。コロナ禍にあっても、会員同士の絆は強いと感じています。(２０２０年９月号掲載)

萬木建設株式会社　代表取締役会長

漆崎　隆

うるしざき・たかし　1948年9月5日、札幌市生まれ。土木建設会社勤務などを経て、85年に代表取締役社長に就任。

萬木建設株式会社　（くしろ支部）

〒085-0045　釧路市住之江町 8-7
TEL（0154）23-6793
業務内容　土木・建設・大工・とび・舗装工事業。水産施設工事業、産業廃棄物収集運搬業
設　　立　1966年設立
資 本 金　2,500万円
従業員数　16名

売上より努力の結果

地域建設業、経営再生尽力

萬木建設株式会社　漆崎 隆

漆崎さんは、1948（昭和23）年に札幌市で農家を営む両親のもとに7人兄弟の6番目として生まれます。67（昭和42）年3月に札幌西高を卒業し、68（昭和43）年4月に日本大学生産工学部に入学します。

当時は、新幹線をはじめ、港湾や空港、ダム建設など全国的に大規模工事が盛んな時代。日本は高度経済成長の真っ最中で、「土木は分野が広く、道路やトンネルのほかに港湾や空港など壮大な技術力を必要とする職業。スケールの大きい仕事をする土木技術者に憧れを抱いた」と話します。こうして、大学では土木工学科に在籍し、ダム工学を専攻しました。

大学卒業後の72（昭和47）年4月、地崎組（当時）に入社した漆崎さんは、東京本社で土木部の技術員として働きます。職務では、神奈川県や千葉県で進んでいた宅地造成事業に携わります。山を開き、沢を埋め、広大な団地内に橋や上下水道などのライフラインを整備する大規模な工事。「軟弱地盤改良をペーパードレーン工法やサンドコンパクションパイル工法など、当時の土木技術における最先端技術を活用していた。その時の経験は、自分の財産になっている」と振り返ります。

実家で両親と暮らしていた兄が転勤することを受け、5年間勤めた地崎組を退職し、故郷である札幌市に戻ります。そして、札幌で建設会社を起業していた知人と出会い、77（昭和52）年に兜建設（後のカブトデコム）に入社。土木技術員として奔走し、取締役土木部長、取締役営業部長などを歴任しました。

その後、84（昭和59）年に創業者・木村新一氏の死去に伴い、経営困難を極めていた土木施工請負会社である萬木建設に短期間の手伝いとして着任しました。当初は2年ほどの勤務予定でしたが、先代が19年掛けて築いてきた会社が廃業しかけている状況を目の当たりにし、経営再生を目指して釧路に残ることを決断します。半年ほどの引き継ぎ期間を経て、85（昭和60）年、36歳で代表取締役社長に就任しました。

釧路での勤務は初めてで、人脈もない中で経営者としての一歩を歩み出しました。さまざまな苦労もありましたが、同年に同友会釧路支部に入会します。「同友会の同業経営者と交流し、就業規則や給与規定を参考にさせてもらったりと経営のノウハウを学ぶことが出来た。特に社内人事は悩みどころの一つで、札幌本部の故・大久保尚孝専務理事にアドバイスをいただいたこともあった」と、同友会での日々を振り返ります。

その頃の日本経済は、第2次オイルショックからバブル景気に突入しようとしている時代でした。建築工事の受注は順調に伸びていき、経営者として会社を大きくするという使命に燃えていました。専業の土木に加え、建築にも視野を広げます。しかし、自社の良さと弱点を洗い出してみると、夏季に対して冬季は思うように工事が出来ず、利益が安定しない点が気がかりでした。弱点を克服すべく、88(昭和63)年に不動産賃貸業としてグループ会社の東陽工建を設立します。バブル崩壊後は、赤字倒産が相次ぐ状況下を不動産賃貸収入で乗り越えました。

長い年月を費やした不動産業が軌道に乗り始めましたが、バブル後退期の余波もあり、2009(平成21)年に、事業規模を4分の1に縮小します。「売り上げよりも努力による結果が重要」と再び前を向きました。人や地域とのつながりを大切にし、地域密着型企業として経営を継続していきます。

18(平成30)年には代表取締役から代表取締役会長に就任します。「経営者と従業員は互いにわかり合える労使関係でなければならない」とし、予想出来ない変化に対応していくには「社員同士の結束力を普段から築いておき、人間力を高めることが重要」と後進への思いを述べました。今も給料は社長から社員一人一人に手渡しする同社。従業員とのコミュニケーションを重視する姿勢は、長男で代表取締役社長を務める要さんにも引き継がれています。

同友会では、90—95(平成2—7)年まで理事と釧路支部幹事長を務めました。経営者は孤独な部分も多く、「全道各地の会員と本音で話し合い、一緒に経営の勉強をした」と思い返します。中小企業の幹部社員の学びの場として、94(平成6)年の同友会釧路幹部大学開校を後押し。また、若手経営者を集めたふたけた会(現在のみけた会)の発足にも尽力しました。

(2020年10月号掲載)

萬木建設株式会社　漆崎 隆

税理士法人戸井会計事務所　代表社員

戸井　敏夫

とい・としお　1943年10月27日、小樽市出身。明治大学卒業後、父親の税理士事務所勤務を経て、72年に事務所開設。

税理士法人戸井会計事務所　（札幌支部）

〒062-0932　札幌市豊平区平岸2-5-2-14　第5平岸グランドビル7F

TEL（011）824-1020

業務内容　月次会計、法人・個人決算申告、税務相談、相続税相談・申告など

設　　立　1972年設立

従業員数　11名

相談受ける土壌作り　中長期視点で経営計画を

近年、税理士を目指す若者が減少傾向にあると言います。昨年税理士登録50年を迎えた戸井さんは、「担当し始めは小規模だった企業が、大きな企業へと成長した姿を見られることは喜ばしいです。ですが、一番のやりがいは顧客から感謝されることに尽きます」と税理士の魅力を説きます。

税理士法人戸井会計事務所　戸井 敏夫

戸井さんは1943（昭和18）年、小樽市に生まれます。父の正三氏は会計士・税理士の前身である〝計理士〟を営み、戸井さんが物心ついた時には小樽の自宅一部を事務所として働く父の姿がありました。後に、正三氏は52（昭和27）年に税理士制度が創設してすぐに登録手続きを行いました。北海道では片手で数えられるほどに早い登録順位だったそうです。

戸井さん自身は小中高を地元で過ごした後、明治大学政治経済学部に入学。2人の兄が父の事務所を継ぐことになっていたので、将来は一般企業に就職を考えていましたが、父から卒業後は事務所に入るように言われ、66(昭和41)年に帰郷します。

事務所では手書きで伝票、帳簿作成に励みますが、所長の父と兄2人、自身も含めて家族4人がそろっている環境は居心地が悪く、2年後には希望して札幌市豊平区の札幌事務所に転勤します。札幌では4畳半一間の下宿生活でしたが、当時は長時間労働、安月給の時代。休日に遊ぶ余裕もなく、事務所と下宿を往復するだけの日々でしたが、かえってその環境が税理士試験勉強への熱意に向かい、翌69(昭和44)年に合格します。

72(昭和47)年に正三氏が死去したことを受け、小樽の事務所は兄が引き継ぎ、自身は札幌で戸井敏夫税理士事務所を開設。父が築いてくれた顧客との関係もあって経営は順調に進みましたが、落胆する経験もありました。ある顧客先を職員が訪問するとシャッターが閉まっていて、そこには弁護士名義で倒産を知らせる紙が張ってありました。戸井さんが所長に就任する以前に担当していた企業であったため、「一言も相談がなかったことにはがっかりしましたが、どんな悩みも相談してもらえる信頼関係を築けていなかった」と反省します。

その後は、〝現場に行って相談を受ける土壌を自ら作る〟ことを徹底し、より一層顧客と直接会う姿勢を重視して道内各地を回りました。職員に対しても、「こちらから遠慮せずに聞くことは聞く。聞かなかったことで双方が大事なことを伝えられず、後に大変な結果になることを防ぐことができる」と繰り返し伝えていました。

74（昭和49）年には、事務所経営の転機を迎えました。税理士・会計士で組織するTKC全国会に入会し、電算機の導入で手書き記帳からの脱却を図ります。電算化によって月次処理や申告書作成など、業務の一層の効率化を図ることができました。

戸井さんが税理士となった昭和40年代半ばは、税務署出身の税理士が多くを占めていました。戸井さんのように民間試験出身者は少なく、税理士会の総会に出席しても税務署出身の年長者がほとんどで、知り合いもおらずただ黙って座っている状況でした。そのような時、同じく民間出身の池脇昭二氏（池脇会計事務所会長）が声を掛けてくれたことで意気投合。75（昭和50）年には民間出身税理士計11人による「税理士昭和会」を発足し、40年以上たった今も年数回の勉強会や旅行会などの交流は続いています。

事務所の主力業務は、法人や個人の月次監査・処理・決算申告ですが、近年は相続税申告や事業承継に関する相談が増加。2013（平成25）年の税制改正による、相続税基礎控除の大幅な引き下げが要因とみています。戸井さん自身も、16（平成28）年に税理士資格を取得した長男・健太郎氏（現在副所長）とともに、将来的な事業承継に向けて準備をしています。

一方、目下の心配事は新型コロナウイルスに伴う企業への深刻な影響で、オイルショックやバブル崩壊、リーマンショック以上ではないかと捉えています。税理士の立場から、「会社の資産、負債や人材などの現状をしっかりと把握し、中長期的な視点でコロナ禍における経営計画を立て、具体的な策を描いてほしい」と激励します。

同友会には、趣味の囲碁をきっかけに知人から誘われ、97（平成9）年に入会しました。札幌支部では豊平・清田地区会の「豊平21世紀の会」、50歳以上が対象の「無二の会」に参加。会員同士が本音で語り合い、出席するたびに仲間から多くの刺激を受けると言います。

（2020年11月号掲載）

有限会社北海道ホープランド　代表取締役会長

妹尾　英美

せのお・ひでみ　1944年4月22日、幕別町生まれ。帯広農業高校卒業後に家業の農家を継ぎ、37歳で会社設立。2010年から代表取締役会長に。

有限会社北海道ホープランド　（とかち支部）

〒089-0621　中川郡幕別町字相川143
TEL（0155）54-4055
業務内容　農業生産法人
設　　立　1979年設立
資 本 金　3,000万円
従業員数　7名

夢は「十勝一の農家」

挑戦重ね海外進出つかむ

幕別町内で農業生産法人を営む妹尾さんは、常に挑戦する姿勢を持ち、農業王国・十勝において数々の先駆的な取り組みを実現してきました。成功の分かれ道は「夢を持ち続けることができるかどうかにある」と語ります。現在は会長として、社長である息子の主税(ちから)さんを補佐しながら見守ります。

有限会社北海道ホープランド　妹尾 英美

妹尾さんは、幕別町に男3人兄弟の次男として生まれます。父の太郎さんは岡山県から入植してきた農家の3代目。父の背中を見ながら中学生の頃には農業の道に進むことを決め、帯広農業高校を卒業した1963(昭和38)年に就農します。将来への熱い思いから、高校の恩師の家に仲間と集まった時「農地を150ヘクタールに広げ、十勝一の農家になる」と宣言。農家の経営面積が10ヘクタールほどだった当時、皆に笑われたと振り返ります。

妹尾さんの目線は既に海外にありました。68(昭和43)年、国際農友会農業実習生として米国に渡り、オレゴン州などの農家で1年間研修に励みます。学んだのは大規模な経営を効率的に行うための合理的な考え方。家族経営が中心の日本とは異なり、農薬散布から収穫に至るまでの作業を外部委託していました。この時の実習生仲間が志を共にする生涯の友となります。仕事、生活両面が充実する中、妻の育子さんと結婚。72(昭和47)年、27歳の時に長男の主税さんが誕生します。

同年、仲間と共に神奈川県の相模原生協に馬鈴薯、豆類の出荷を始めます。フェリーを使ったトラック輸送で新鮮な十勝の野菜を現地に届け大きな利益に。まだ20代だった妹尾さんの挑戦に太郎さんは口を挟むことはなく、逆に若い妹尾さんの試みが批判された時は、かばってくれました。その太郎さんが73(昭和48)年、心筋梗塞で亡くなります。町議など公職を務め人望も厚かった父の突然の死は「大海に放り出された気持ちだった」といいます。

81(昭和56)年、幕別町茂発谷地区に56ヘクタールの農地を取得し、経営規模拡大と同時に北海道ホープランドを設立しました。畑作4品のほか露地野菜を栽培し経営基盤を確立。生み出した利益を投資し、観光農園「いちご園」の開設や自社の小麦を使った江別製粉との商品開発を実現しました。2002(平成14)年には帯広・北の屋台に仲間と直営の「農屋」(みのりや)も開店。その後、放牧養豚や乳牛飼育にも取り組んでいきます。

国際免許を持ち自らレンタカーを運転、欧米の先進地に何度も足を運んで得た豊富な情報が経営の判断材料でした。特に米国では日本の15年、20年先の姿を見ることができたといいます。人的交流拡大に向けて日本ブランド農業事業組合にも加盟。先駆的な取り組みは、07(平成19)年の第3回HAL農業賞神内大賞受賞につながります。この時期に、ベビースターラーメンを製造するおやつカンパニーと専属の小麦の契約栽培も始め、年間80トンを出荷するまでに成長しました。

取り組みは、念願の海外進出という形に結実します。JICA(国際協力機構)のベトナム人研修生のファームステイが縁でした。母国に帰った研修生から「自国の農業を見に来てほしい」と頼まれ現地へ行くと、長年の戦争で疲弊していたベトナムは、農業の近代化とはほど遠い状況。妹尾さんは国立フエ大学と協力し支援を進めます。10(平成22)年にはホープランドベトナムを設立。同年、社長を主税さんに譲り会長に就任しました。ベトナム南部のダラットに開設した農場での野菜づくりは順調です。

常に挑戦を繰り返してきた妹尾さん。今の夢は、米国やEUで農業者の経営安定のための主要施策となっている直接支払制度の実現です。消費者が生産者を評価する仕組みは「緑の政策」とも呼ばれ、ドイツではこの政策によりファームインが多く作られています。

現在、同社の十勝における経営面積は約１３０㌶に上ります。これまで二十数名の農業実習生を受け入れ、共に夢を共有する相手として接してきました。農業をあきらめる人も多い中、実習生のうち３名の女性が十勝の農家に嫁いだことが、自分の誇りだと笑顔で語ります。

同友会には88（昭和63）年に入会し、当時十数名だった農業経営部会は今や１５３名の部会に成長しました。部会の発足当時、口下手な人間が多い農業者に「このままではいけない」と先輩が一念発起し、勉強会を開催。すべてが学びになったといいます。95（平成７）年からは４代目部会長を務めました。

（２０２１年１月号掲載）

有限会社文字堂　取締役会長

野口　等

のぐち・ひとし　1946年12月12日、上磯町(現北斗市)生まれ。76年に文字堂を創業し、89年に法人化。2014年から現職。

有限会社文字堂　(函館支部)

〒042-0913 函館市赤坂町8-1

TEL(0138)58-3535

業務内容　屋内外サイン製作、サインデザイン、スクリーン印刷、アクリル・塩ビ加工など

設　　立　1976年設立

資 本 金　300万円

従業員数　12名

探究心忘れず進化を　アナログ的感覚が土台に

函館市で屋外広告業を営む文字堂。創業者の野口等さんはデジタル化など業界の変革の波を乗り越えながらも、シルクスクリーン印刷など古くからの技術も大切にする経営者です。近年はイカスミを原料とした染め物に挑戦するなど、探究心も忘れない姿勢を貫いています。

有限会社文字堂　野口 等

野口さんは１９４６（昭和21）年、上磯町（現北斗市）茂辺地地区の出身。野山と海に囲まれた地域で奔放に育ちました。漁業を営む親戚のイカ加工を手伝うことも多く、「イカの絵は練習しなくても描けるようになった」と話します。

高校卒業後は東京で2年間働きましたが、地元で子どもの頃から好きだった絵を職業にしたいと看板製作の道へ。函館市内の屋外広告製作会社に入社し、絵やレタリングを学びました。当時は「さまざまな書体を覚えるのに10年はかかる」と言われており、着実に技能を磨きました。

独立して文字堂を立ち上げたのは、76（昭和51）年のこと。最初は「筆とコンパスさえあればできた」という自動車への文字入れを中心に手掛け、事業の基礎を築きます。次第に他の分野の仕事も受注するようになり、大門地区での病院の看板製作の仕事では、「文字を書いているといつのまにか観衆が大勢集まっていました」と確かな技能が分かるエピソードも。

同友会に加入したのは独立して2―3年後でした。「これからは職人として働くだけでは駄目だ。経営を学ばなければ」と一念発起。先輩経営者が熱心に勉強する姿に大いに触発され、必死に食らいつきました。

そうした中、屋外広告業界にもデジタル化の波が押し寄せます。パソコンのデザインソフトを使用することが当たり前となり、印刷は大型のインクジェットプリンターが活躍するようになりました。「受注生産的な要素が強い業界だが、デジタル化でその性格が大きく変わるだろう」と早くから感づいていたといいます。

同友会の仲間に教えを請い、財務計算ソフトやデザインソフトを取り入れるなど、設備投資を進めました。これに合わせてデジタル機器を活用した看板製作に対応するためデザイナーを雇用。製作の効率化で競争が激化することを見据え、「営業力も求められるようになる」と函館市内ではあまり一般的ではなかった営業社員を置くなど体制も整えました。

デジタル化の中でも社員に呼び掛けているのは、「アナログ的な感覚を大切にしてほしい」ということ。自らも職人としてキャリアをスタートした野口さんは、自分の目や手で技術や感覚を磨き、それを土台にデジタル技術を活用することの重要性を説いています。

その姿勢の一つとして、インクジェットプリンター印刷が主流になった現在も、同社では旧来のシルクスクリーン印刷を手掛けています。印刷工程に人の手が入るため独特の風合いなど魅力があります。「東京や大阪に出向き学んだ技術。工場のスペースはシルクスクリーン印刷のアナログ的な機器とデジタル機器が混在した設備になっています」と、どちらも大切にしていることをうかがわせます。

2001(平成13)年には新規事業として函館地域産業振興財団やその研究グループ・北海道大学・函館工業高等専門学校の研究者らの協力も仰ぎ、イカスミを活用した染め物インクを開発。イカは言わずと知れた函館の「市の魚」ですが、イカスミはほとんど活用されていないことに着目しました。

きれいなセピア色に染まるのが特長のこのインクを用いて、スクリーン染めと昔なが

有限会社文字堂　野口 等

らの浸染という手法で染めた布製品や雑貨を製造。03（平成15）年には、金森倉庫群内のＢＡＹはこだてにこうした製品を売る販売店「シングラーズ」を出店し、観光客などから好評を得ています。「絞り染めでは染料に浸してから糸をほどくまで、どのような模様になるか分からず、2つと同じものはできません。これこそアナログの世界です」

「これからも取り組みたいことはまだまだある」と野口さん。「零細企業の経営者はみな、自分のような探究心に富んだ人が多いと思いますが、それをどのように発展させていくかが重要です。どうしたら顧客に喜ばれるかを念頭に研究を続け、進化していかなければなりません」

14（平成26）年に息子の丈介氏に社長の座を譲りました。事業承継に当たっては、同友会の指導が大変役に立ったといいます。「とても良い資料を提供してくれた上、事業規模や業種にかかわらず、分け隔てなく指導してくれました」（2021年2月号掲載）

株式会社知床グランドホテル　代表取締役会長

桑島　繁行

くわじま・しげゆき　1950年2月11日、斜里町出身。代表取締役社長を経て、2017年から現職。

株式会社知床グランドホテル（オホーツク支部）

〒099-4355 斜里郡斜里町ウトロ東172番地
TEL（0152）24-2021

業務内容　代表取締役会長を兼務する知床プリンスホテルと北こぶしリゾートを形成。ホテル3施設を運営
設　　立　1962年設立
資 本 金　10,000万円
従業員数　82名

宿泊客満足度を追求

従業員との信頼関係重視

桑島さんは、1950（昭和25）年に斜里町で5人兄弟の長男として生まれます。両親はもともと農業を営んでいましたが、桑島さんが小学校5年生の60（昭和35）年、父・宣一さんが部屋数5室を持つ桑島旅館を開業しました。

高校は網走南ヶ丘高に進学。高校ではバンド活動でベースを担当する傍らクラスの委員長も務め、持ち前の行動力でいつもクラスの中心にいました。「愉快な友達が多かった。人生で戻れるとしたら高校時代を選びたい」と当時を懐かしみます。

税理士の仕事に興味を持っていましたが、父から何度も「帰ってこい」という言葉を掛けられ、高校卒業後は故郷に戻ります。しかしどうしても勉強を諦めきれず、父親と約束を交わし観光ホテル桑島に入社すると同時に法政大学通信教育経済学部に入学しました。

当時の日本は、高度経済成長の真っ只中。「心とお金にゆとりが生まれた時代。だからこそ宿は住宅と差別化を図る必要が出てきた」と振り返ります。さらに入社した翌70(昭和45)年には、歌手・加藤登紀子さんが歌う『知床旅情』がヒット。大学生を中心に多くの観光客が知床に訪れました。当時の部屋数は55室、職員は夏季雇用の18人程度と少なく、宿泊客の2倍以上を毎日断らなければならないほど混雑しました。精算業務や予約受付のほかにも経理など、早朝から夜遅くまで業務をこなします。「仕事ってこんなに忙しいんだ」と身に染みて感じたそうです。

仕事にいそしむ傍ら、勉学にも励みました。夏はかき入れ時のため、勉強を始めるのはいつも9月末の客足が落ち着いた頃。仕事を終えて夜の10時過ぎに帰宅すると、テストの受験資格を得るためにレポート執筆に取りかかります。そして受験資格を得るとテストを受けるために札幌や釧路のほか、遠くは長万部まで足を運びました。

ホテル内も比較的静かな正月明けから3月中旬までは、東京へ行き大学のスクーリングに通います。しかし、当時は学生運動が活発で教室はロックアウトが多く、授業を受けられない日も少なくありませんでした。殺伐とした中、心を癒やしてくれたのは母から送られてくる餅やサケ。ガスが使用できない下宿のため、電気ストーブなどを使って工夫しながら温めたといいます。仲間とともに食べたふるさとの味は、今でも思い出に残っています。

仕事と勉学の両立に励んだ5年間。忙しく苦しい時期でしたが「だからこそ絆の大切さを学んだ」と振り返ります。同じ志を持った仲間同士が勉強を教え合ったり、スクーリングに出ている時は家族が支えてくれたりと、たくさんの人とのつながりを実感しました。大学卒業後も人間関係の大切さについて、肌で感じることがありました。それは従業員から「お父さん」と呼ばれていた父の後ろ姿です。先代について「従業員や地域の人たちとのつながりを大切にしてきた人だった」と語ります。

取締役支配人や専務取締役などを経て、93（平成5）年に代表取締役社長に就任しました。創業者の父から受け継ぎ、拡大路線に向かって行った時代。団体客が知床に訪れる中、その時のニーズに合わせて客室は78室から140室、多い時は総計200室ほど設けました。そのような中でも先代に倣って従業員との信頼関係を築きつつ、ホテルマンとしての教育にも力を入れました。

リゾートホテル業とは、「お客様がチェックインからアウトまでの間、どれほど満足してもらえるかを追求するもの」と桑島さん。食事、入浴、寝室などを気持ちよく利用してもらうためには従業員との協力と教育が不可欠だと言います。特に新卒で入

株式会社知床グランドホテル　桑島 繁行

社した社員について、「礼儀作法を一から教育する。人によってはうるさいと思うかもしれないが、きれいなあいさつや行動を身につけさせてあげたい」と社員教育に尽力しました。

しかし近年、ＩＴの出現と発展により人の手から機械化に変わる作業が増えたと言います。また、それに合わせて団体客から個人客に傾向が変化したとも。「インターネットによって行きたい場所などを検索できるようになり、旅行の目的がはっきりするようになった」と指摘。その上でこれからのホテル業については、「時代のニーズに合わせて、常に変化していかなければならない」と語ります。

同友会を知ったのは、叔父の桑島貫さんが斜里ブロックに所属していたことがきっかけ。２００２(平成14)年に父・宣一さんから会員を引き継ぎました。異業種の人たちとの交流に刺激を受けると言います。

（２０２１年３月号掲載）

川崎建設株式会社　代表取締役会長

川崎　宏

かわさき・ひろし　1945年8月3日、新潟県出身。父が創業した同社に入社。代表取締役を経て、4月から現職。

川崎建設株式会社　（しりべし・小樽支部）

〒044-0121 虻田郡京極町字三崎218-9
TEL(0136)42-2077

業務内容　土木・とび土工・舗装・造園・水道施設・管工事業
創　　業　1967年創業
資 本 金　2,000万円
従業員数　7名

洗浄技術で農地守る　開発は周囲の力が支えに

「零細企業だからこそ将来を見据え、自分たちだけの技術がなければ生き残れないと考えました」

川崎建設株式会社　川崎 宏

川崎さんは1945(昭和20)年、新潟県北蒲原郡葛塚町(現在は新潟市に統合)に4人兄弟の長男として生まれます。日鉄鉱業に勤める父・文治さんの転勤に伴い、6歳の時に京極町脇方に移住しました。高校卒業後は東京の大学に進学して一度は地元を離れますが、大学中退後に帰郷し、父が創業した川崎建設に入社。当時は個人企業で請け負える業務も限られたため、経営状況も厳しく冬季には道外へ出稼ぎに出ることもありました。そうした状況の中、川崎さんは重機の導入を決断し、小型のバックホーとブルドーザを購入。これがきっかけとなって仕事の幅が広がっていきました。

2001(平成13)年、会社にとって大きな転機を迎えます。経営が安定してきた中、自社独自の技術の確立が必要と考え、研究開発部を立ち上げます。技術開発の方向性を検討していたところ、町から農家の方が暗渠で困っていることを聞きました。

農地では水はけが悪いと農作物の成長不育につながるため、排水機能として暗渠が張り巡らされていますが、年数とともに管内や管壁に目詰まりが発生。新たな暗渠整備には補助金が活用できるものの、工事で表層の作土を壊すことになります。既存の暗渠が農地のどこに埋められているかを示す図もなく、掘削した際に古い管が出てくることも多くありました。そこで川崎さんは管を洗浄して機能回復することを考え、道立工業試験場(現・道立総合研究機構)の技術支援を受けながら開発に乗り出します。ゼロからのスタートでしたが、「支援頼りの開発ではなく、自分たちが主体となることを心掛けました」と川崎さん。資材に活用できるのではないかと、買い物で見つけたスプーンや日常生活の中にあったスノーダンプの取っ手など、従業員とアイデアを出し合い試行錯誤する日々が続きました。

そして完成した製品が、暗渠清浄ロボット「クリーンロボ・きょうごく」。洗浄の高圧噴射によって自走が可能で、ヘッド部分は最大90度まで曲がることで分岐管にも対応。先端部にはＬＥＤライトとカメラを取り付け、外部モニターから管内の詰まりやつぶれが確認できます。取り付けた電磁波発信器によって、農地の中で位置を特定できるようにもしました。

製品は試験段階から注目を浴び、農業関係以外にも行政、建設業、清掃業者などさまざまな業種が視察に訪れました。カメラに映った管の状況を見た関係者からは、驚きとともに「まるで畑の内視鏡」と言われるほど好評を得ました。

04（平成16）年に実用化し、06（平成18）年に特許を取得。道内外から依頼が舞い込み、道や山形県の公共工事でも採用されるなど実績を重ね、東日本大震災の津波で被害を受けた宮城県の農地でデモンストレーションを行うこともありました。その後も製品の改良を重ねたほか、管内で完全に詰まった閉塞箇所を地上から貫入し、洗浄・解消する打ち込みノズル方式を開発。製品の技術を活用した浅水域海中調査ロボットの開発も手掛けました。

現在は時代の変化も踏まえ、下水道管点検用としての実用を目指し、実験に取り組んでいます。下水道本管は多くの点検製品が普及していますが、橋梁に添架する管経の小さい圧送管に対応できず、管の経年劣化などを把握できていない実情がありま す。そこに農業暗渠用として小型化された川崎さんの製品技術が応用できると考えました。農業暗渠と異なる管形状や材質のため課題もありますが、今後の改良に意気込みを見せます。

現状に満足せず、開発・改良を続ける川崎さん。「何事も最後までやり遂げる性格でもありますが、絶えず壁を破っていくことが企業にも大切」と熱意の源を語る一方、「やめようと思った時は何度もありますが、そういう時に家族や周囲の人が応援してくれた」と1人ではなしえなかったとも話します。

製品名に自社の名前ではなく、町名を取り入れたのは地域に貢献したいとの思いからでした。全国的な傾向と同様に、京極町でも人口減少が進んでいます。「町の美しい景色は強みですが、地域が衰退して景色だけが残っても意味はありません。ものづくりを通して力になっていきたい」と、開発への思いを一層強くします。

同友会には、知り合いの紹介で07(平成19)年に入会。人とのつながりが生まれる同友会は、経営者にとって貴重な場であると考えます。

（2021年4月号掲載）

株式会社りんゆう観光　取締役相談役

植田　英隆

うえだ・ひでたか　1945年4月8日、札幌市出身。82年に代表取締役社長就任。代表取締役会長などを経て、現職。

株式会社りんゆう観光（札幌支部）

〒060-0909 札幌市東区北9東2-1-8
TEL（011）711-7106

業務内容　札幌藻岩山スキー場、黒岳ロープウェイ・リフトの運営、旅行業など
設　　立　1959年設立、89年に現社名へ変更
資 本 金　4,000万円
従業員数　51名

同友会あっての私

ご恩返しが残っています

株式会社りんゆう観光は、植田木材(現・植田木材工業)がルーツ。渡道した植田繁太郎氏が大正時代に創業、以来2代目英武氏、3代目英次氏と経営を継ぐなかで、いくども業態を変えながら存続してきました。1959(昭和34)年に札幌林友観光を設立し、藻岩山スキー場でリフト営業をスタートしたのが初代社長の英武氏と2代目社長の英次氏。いまのりんゆう観光の始まりです。

現在は層雲峡・黒岳でのロープウェイとリフトの運行に加え、旅行業も営んでいます。植田英隆さんは、その3代目として会社を支えてきました。「決して平たんな道のりではありませんでしたが、北海道中小企業家同友会での学びを糧に中小企業経営者として歩みを進めてきました」と言います。

植田さんは終戦の年の45(昭和20)年4月に、4人兄弟の長男として生まれました。

大学進学で一時は北海道を離れますが、その後札幌に戻り、他社で2年ほど働きます。りんゆう観光に入社したのは73（昭和48）年。ちょうどボウリングブームが終わり、植田木材で経営した光星ユーカラボウルの数年がかりの後始末が最初の仕事でした。

代表取締役社長に就任したのは82（昭和57）年、37歳のときです。以前から簿記や経理の勉強はしていたものの、中小企業経営の「〝いろは〟も分からないままではいけない」と考えていた植田さんは、前職の会社が北海道同友会に所属していたこともあって、同友会には73（昭和48）年の早くから、弟の惇慈さんと入会していました。このことが、その後の植田さんと会社にとって大きな力となるのです。

28歳で入会した当時の同友会は創立4年目で、会員数もまだ300名ほど。「専務理事の大久保尚孝氏や初代代表理事の井上良次氏など、設立時の役員の方々と直接意見交換できたことは私にとって最初の財産」。そして、「太陽光がプリズムを透れば七色であるように、会員は様々、同友会は無色です」との教えに目からウロコ。「職種も考え方もバラバラな会員たちが、互いを認めあい、ひとつのテーマに遠慮なく意見を交わす道場のような雰囲気でした。生涯の友人も得、刺激を受けました」と、創立間もない時期を経験できた自分は幸運だったと語ります。

会社を切り盛りして知ったのは、5年にいちど、10年にいちどは、難題が起きる、襲ってくるということです。祖父や父の代にも大きな転換を迫られる出来事はありました。植田さんが経営を引き継いでからも、黒岳沢防災計画に派生した駐車場問題、メイン銀行だった拓銀の破綻、東日本大震災などが起こり、その都度、それぞれに違った対応が問われました。

同友会はその答えをストレートに教えてくれるところではありません。判断がつかない、あるいはどうすべきか、という相談に、大久保さんですと誰かの意見や体験を紹介し、自分の頭で考えなさいと突き放すのです。結論ありきの対応ではありませんでした。

仲間の会員たちとの切磋琢磨も、大きな刺激です。相談があれば誰かが必ず応えてくれる会員同士の関係も楽しく、植田さんははじめの2、3年は3日に1度のペースで同友会事務所に通い、相談を繰り返しました。

また、「やりなさい」と言われたことは、断らずに受けてきました。同友会大学、共同求人活動、消費税問題や政策活動などなど。中小企業憲章運動にはのめりこんだものです。

そうして植田さんが同友会で得てきたものは、切り抜ける力だったと言います。そして「経験も知識も不足していた私のような若輩者の中小企業経営者ほど、入会すると得るものが多い」と続けます。
83（昭和58）年に開始した旅行業部門は、山と自然をメインにした旅を扱い、大手と差別化を図りました。その立ち上げは、同友会で一緒に学んだ弟の惇慈専務（２０１５年逝去）が中心となって進めました。今では日本百名山ツアーの催行もやりきり、世界の名だたる山々へのツアーも自社企画して、たくさんのお客さまをご案内するまでに成長しました。

会社は現在、息子の拓史氏が代表取締役社長を受け継ぎ、親子ともに会員として活動しています。新型コロナウイルスという難題がまた世界を襲っていますが、会社一丸で奮闘努力し、その経験は同友会にも共有しています。

「同友会への感謝をどんな形でお返しできるかが、今後の私の課題です」と、植田さんはこれからの活動への気持ちを語ります。

（２０２１年５月号掲載）

株式会社甚べい　代表取締役

今田　正義

こんた・まさよし　1951年1月24日、山形県河北町出身。88年から専務取締役、2002年から現職。

株式会社甚べい（苫小牧支部）

〒053-0851　苫小牧市山手町1-3-2
TEL（0144）71-2211
業務内容　弁当製造・小売り。苫小牧市内で9店舗を展開
設　　立　1974年設立
資 本 金　1,000万円
従業員数　60名

地域に喜ばれる弁当

健康志向で開発にも挑戦

「みんなが楽しく働いてくれたらいいと思っています。会社で働く一番の目的は自分自身を成長させること。この会社でたくさん失敗して、成長してほしい。それをモットーにしています」

株式会社甚べい　今田 正義

今田さんは1951(昭和26)年、桃や養豚業を営む農家の長男として、山形県河北町に生まれます。農業高校を卒業後、実家の農家を継ぎ、20歳のときに6軒の農家で作る農業法人を立ち上げました。25歳で結婚。順風満帆だった人生ですが、結婚相手に豚のアレルギーがあり、山形には居られず、再スタートの場として選んだのが、北海道・苫小牧でした。

20歳のときに北海道一周旅行をした今田さんにとって、苫小牧は港や王子製紙の工場があり、札幌と東京をつなぐには「ここしかない」と思えるほどの可能性を感じるまちでした。

苫小牧では酒屋で働き始めますが、農家に生まれ育った今田さんにとって、酒屋の仕事は体力的には楽な仕事でした。そこで、夜の間は「甚べい」でアルバイトを始めます。4カ月ほど酒屋と掛け持ち仕事をしていましたが、当時の社長から〝うち1本で働かないか〟と誘われたことがきっかけで、甚べいで働くことに。アルバイト時代は寿司のご飯を炊いたり、海苔巻きやおはぎなどを作っていましたが、その後、工場長に抜擢されます。

さて、その頃の北海道内の弁当屋の弁当と言えば、当時はおいしくないと言われていた北海道米を使うのが主流でしたが、甚べいでは新潟産の米を使った弁当を作っていました。甚べいは最初「いなりがおいしい甚べい」、そして次は「おむすびの甚べい」と言われ、おむすびだけでピーク時は1億円ほど売っていました。注文を受けてから作るスタイルに変えたことでおいしいと評判になりました。

工場長になった今田さんですが、当時パート社員は約25名。みな自分の母親ほどの年齢で、派閥争いや突然半数が辞めてしまうなど、まとめ上げるのは一苦労でした。「どうやってコミュニケーションを取るか、それを考えるために時間を費やしていました」と振り返ります。

33歳のときに転機が訪れます。私生活では離婚し、仕事では工場長から営業部長となり、酒屋で働いていたことがきっかけで始めていたスナック経営では借金を抱えるように。大きな挫折を経験し、人間不信になったと言います。

42歳まで務めた営業部長時代の一番の思い出といえば、当時の店舗の店長などからの人生相談に乗っていたこと。これが大きな経験になりました。

2002(平成14)年、社長に就任しますが、その後は苦しい時代に入りました。消費増税やリーマンショック、東日本大震災、コンビニの多店舗化、大手フランチャイズの出店、新型コロナウイルスなど相次いで厳しい経営環境に直面します。店舗も、一時は札幌や静内、室蘭へと拡大しましたが、最後に残っていた室蘭の店舗も、リーマンショックの影響やライバル店、さらにコンビニの出店などにより撤退を余儀なくされ、今では苫小牧市内だけの営業です。ピーク時には18店舗ありましたが、現在は9店舗まで減らしました。しかし、材料費が上がっても価格は据え置いています。「弁当が食べたくても手が出せなくては意味がない。地元に浸透している会社だからこそ、市民に喜んでもらわないと意味がない」と話します。

同友会で学び、成文化した経営理念は「客に喜ばれる会社、誇りに思う会社、協

株式会社甚べい　今田 正義

力・協調で明るい会社」。喜ばれるためには、味がおいしいだけでなく、接客も大事です。そして「理念があるから大きな問題も乗り越えられます」と今田さんは話します。

そして、「食べ物の仕事は常にチャレンジ」と言い、現在は健康問題へのチャレンジとして、低カロリー、低塩分の弁当開発に取り組んでいます。「何年かかるかわかりませんが…」と苦笑する今田さん。食から人々を支える取り組みはまだまだ続きます。

同友会には84（昭和59）年に入会。08（平成20）—11（平成23）年までは苫小牧支部長を務めました。「苫小牧には経営について学べる場がなく、入会後はたくさんの講演を聞いて経営について学びました」と話します。支部長時代は会員を増やすべく自ら企業を訪問し、120名ほどだった会員を200名ほどまで増やしました。「苫小牧や北海道だけでなく、全国の活動に参加し、たくさんの話を聞いてほしい」と呼び掛けます。

（2021年6月号掲載）

株式会社ダテハキ　取締役会長

守　和彦

もり・かずひこ　1943年12月26日、伊達市出身。高校卒業後、父の経営する伊達履物に入社。代表取締役社長を経て、2009年から現職。

株式会社ダテハキ　（札幌支部）

〒060-0906　札幌市東区北6東4-1-7　de AUNE（デ・アウネ）さっぽろビル7階
TEL（011）721-2181
業務内容　靴・履物の開発・製造・卸売り
創　　業　1941年創業、75年に現社名へ変更
資 本 金　3,500万円
従業員数　52名

北海道発想の靴開発

経営は3兄弟の力合わせ

6月7日の全道総会で、18年務めた北海道同友会代表理事を退任しました。40年に上る同友会との歩み。「多くの会員と出会い、豊かな人生を送らせてもらいました」と感謝の気持ちがあふれます。

株式会社ダテハキ　守 和彦

ダテハキの前身である伊達履物は、1941（昭和16）年に創業。祖父である儀蔵が、伊達町内にあった下駄製造の個人事業主を集め、機械化による一貫生産を取り、量産体制を構築しました。この会社を父の信彦さんが復員後に買い取り、49（昭和24）年に代表取締役社長に就任しました。

守さんは62（昭和37）年に伊達高校を卒業して入社。下駄製造を専業とする会社でしたが、新業態を目指して守さんは卸売り営業を担当。婦人用草履を中心とした和装履物卸の開拓を進めます。70(昭和45)年には台湾製サンダルの北海道代理店となり、道内での商圏が拡大。75(昭和50)年1月に札幌営業所を設立し、同年8月に現社名に変更しました。

事業が順調に進む中、顧客ニーズを踏まえた靴の販売を計画し、積雪寒冷地の北海道に適した冬用ブーツを企画します。政令指定都市の札幌は、冬季の年間降雪量が6（メートル）にも上る世界にも例がない環境。冬にはゴム長靴が一般的な中、市民生活の防寒・防滑は機能として欠かせないと考え、さらに機能強化をはかりました。そして83(昭和58)年に「ノースデイト」を販売、好評を得ます。その後も商品開発を進め、中でも95(平成7)年販売の「ムートンブーツ」は学生を中心に全国的な人気を博しました。

ダテハキの社是は「北国の冬の生活に役立つ」という言葉から始まります。特異な地域条件を持つ札幌。「徹底して冬の生活を見つめ、〝不便をより快適に〟を目指して北海道発想の靴づくりを進めてきました」と守さんは語ります。

経営者としての道のりは、「兄弟の協力があったからこそ」。守さんに続き、次男で副社長の晃さん、三男で社長の眞さんが入社。全員営業からのスタートでしたが、次第に営業を晃さん、商品開発を眞さん、財務・労務を守さんが担うようになりました。困った時は力を合わせて難題を乗り越えてきた自分の姿を「3分の1社長」と例えます。「3人がそれぞれの分野に責任を持つことが経営にとって強みになりました」

ことしで創業80年。「次は100年企業を目指してほしい」と期待しますが、経営については見守る方針を取っています。信彦さんが仕事に決して口を挟まず、守さんの自由にさせてくれた姿勢を受け継いでいるそうです。

同友会へは80(昭和55)年に入会。それまで経営者団体に対して疑問を抱いていた守さん。同友会も同様でしたが、小樽で開かれた第2回全道青年経営者〝共育〟交流会に誘われたことが転機となります。経営者とは建前で話し、内部事情を表に出さないものと思っていましたが、分科会で会員が率直に意見を交わす姿に〝目から鱗〟。その日に入会しました。

2003(平成15)年5月に代表理事、7月に中小企業家同友会全国協議会(中同協)副会長に就任。同年、福岡市での中同協総会に参加したことが、守さんにとって再びの転機に。総会では中小企業憲章の制定が提起され、守さんは地域や経済にとって中小企業の必要性を明確化できるものと重要性に気づきます。すぐに北海道同友会内で憲章の必要性を提起。政策委員らを中心に学びの場を設け、自らも各支部で憲章の地域版ともいうべき中小企業振興基本条例づくりの必要性を呼び掛けました。

07(平成19)年には、当時の帯広支部幹事長で故・岩橋浩氏の活躍もあり、帯広市が

株式会社ダテハキ　守 和彦

道内初となる条例を制定。これを契機に道内での条例制定の動きが加速していきました。6月現在、道内の条例制定数は57市町村に上っています。

19(令和元)年11月には、北海道同友会創立50周年という記念の節目に立ち会うことができました。しかし翌年、コロナが世界的に流行。道内の中小企業経営にも深刻な影響をもたらし、同友会として国への支援策要望などに奔走したほか、オンラインを活用した新たな同友会活動も展開。経営者へ希望の明かりを灯し続けました。

1年以上経過した現在も収束は見えず、依然として厳しい経営環境が続きますが、「地域や会社の現状など足元をしっかりと見つめ直し、将来に向けて経営の仕組みをつくり直すチャンスに」と呼び掛けます。そして「困ったことがあれば悩みを持ち寄り、経営者が明日への意欲を持てる同友会活動を」とエールを送ります。

（2021年7月号掲載）

株式会社サンコー　相談役

山田　修三

やまだ・しゅうぞう　1944年10月17日、八雲町出身。64年入社。営業部長、代表取締役社長などを経て、2000年8月から現職。

株式会社サンコー　（札幌支部）

〒004-0862 札幌市清田区北野2-3-11-22　サンコー情報処理センタービル2階
TEL(011)885-3500
業務内容　総合複写、ファイリング、CAD、GIS、システム開発、人材派遣業など
創　　業　1950年創業
資 本 金　4,800万円
従業員数　95名

情報総合商社へ発展

同友会大学で創造性学ぶ

株式会社サンコー　山田 修三

創業者三浦隆雄氏は北海道同友会設立メンバーとして奔走し、代表理事を19年間務めました。時代や社会の変化に柔軟に対応し、業態変革や新事業展開を果敢に取り組み、成長を遂げてきたサンコー。早くから同友会大学を積極的に活用し、社員と共に育つ社風を大切にしてきた同社の歩みは、北海道同友会の歴史と重なります。

山田さんは1944(昭和19)年、八雲町熊石で8人兄弟の3男として生まれます。半農半漁の家で、山田さんも稼ぎ手の一人として小学生から仕事を手伝います。定時制高校に通いながら、建設業、冷蔵倉庫、クリーニング店で働き、学業と仕事を両立しました。

就職して弟2人も高校に進学させたいと考えていた山田さんは、姉の夫が三浦氏と知り合いだった縁で入社し、青写真焼き付けに関する複写サービスや事務器販売に注力。自転車で青写真を顧客へ配達する仕事を担当する一方、高校に進学し共に暮らす弟の弁当づくりをこなす多忙な日々を過ごしました。

74（昭和49）年、山田さんは「ルート営業のままでは会社は長くもたない」と三浦氏に提案。自ら新規開拓や顧客の新たなニーズを掘り起こそうと夜行列車で釧路や函館など道内各地を飛び回り、自治体の図面整理に伴うマイクロフィルム化やコピー機の大型化など、時代の変化や機器の発展に伴う需要を見つけ出していきました。しかし、危機感は高まっていきます。

84（昭和59）年の新年全社会議で三浦氏が「成熟商品ばかりでは生き残れない。これからは通信革命の時代、社員皆で新たな経営計画の検討を」と提起します。幹部達で自社事業を分析し、情報の発生から廃棄までの一部業務しか担っていなかったことに気づき、情報の先進地アメリカを視察。情報管理とレコードマネジメントの大切さを学びます。情報を〝財産〟と捉え、蓄積した情報管理を徹底し、ビジネスに多様な形で活用する姿を目の当たりにします。国内大手製造メーカーも視察。情報をデータ化・蓄積し「お客様のデータバンク」として情報処理総合商社への業態転換を目指すこと、そのために必要な投資として7000万円を見込んだ経営計画書を提出したところ、案に相違して三浦氏は決裁してくれました。

印刷機、裁断機を含むコンピュータ入力業務システムを導入し、アナログからデジタル化への転換を開始。10年をかけCAD、地図情報システム、グラフィックシステムを段階的に導入しました。相次ぐ投資に、「会社をつぶさないことだけは約束してくれ」と言っていた三浦氏でしたが、結果として新たな取引先が拡大。大手企業より早期に導入したことで獲得できた案件も多く「三浦社長の先見性があったからこそ、今がある」と山田さん。その後もベトナムで子会社の設立、人材派遣業やドローンを活用した映像システム導入など、新事業を展開していきました。

社名は「社員の幸せ」「会社の幸せ」「社会の幸せ」の「三幸」に由来。三浦氏は、「会社は社会の公器。永久に続けていくことが経営者の使命。そのためには社員一人一人が自主性を持ち豊かな人間性を養うことが大切」とよく語っていました。月次決算も全社員にガラス張りです。2代目を継承した山田さんもこの意思を受け継ぎ、会社の将来を担う人材の確保と育成を重視。主任以上の社員は同友会大学で学ぶことを決め、歴代経営陣の寺西保現会長（14期卒）、佐藤幸治現社長（30期卒）をはじめ70名が卒業。山田さんも営業部長時代の82（昭和57）年に第4期を卒業し、2000（平成12）年から6年間第2代同友会大学同窓会長を務めました。「与えられた役割をただこなすだけでは幹部社員とは言えない。だからこそ同友会大学で科学的・創造的に学ぶことが必要。卒業生達は社内同窓会を作り業務改善を提案し、それが次のステップへつながり会社の活力となってきた」と山田さん。サンコーの歴史と実績がそれを証明しています。

94(平成6)年には自身も会員として入会し、札幌支部や全道へ活動の場が広がります。共同求人委員長、組織・企画委員長など数々の役職を歴任。現在も同友会大学の名簿をもとに会員増強に走り回ります。事業承継したばかりの経営者に会うたび、「私も自ら入会し、先代の意思と同友会理念を継承して学び続けてきたからこそ、今の会社がある。経営を受け継ぐだけでなく、時代の流れをつかみ、企業を発展させるために同友会で学びましょう」と熱く呼び掛けます。

(2021年8月号掲載)

よい会社、よい経営者、よい経営環境づくりを目指して

中小企業家同友会とは

中小企業家同友会は、中小企業の利益を守るという立場から1957（昭和32）年4月に、日本中小企業家同友会（現東京中小企業家同友会）として東京に生まれました。その後、大阪、名古屋、福岡に誕生し、現在47都道府県に広がっています。

北海道中小企業家同友会は、1969（昭和44）年11月22日に30名ほどで出発し、「知り合い、学び合い、援けあい、激動を良き友とする経営者になりましょう」を合言葉に、常に経営に役立つ活動をすすめてまいりました。現在、5735社の会員数を誇り全国一の組織になっています。

よい会社、よい経営者、よい経営環境づくりを目指して

同友会3つの目的

1、同友会は、ひろく会員の経験と知識を交流して、企業の自主的近代化と強靭(じん)な経営体質をつくることをめざします。…………**良い会社をつくろう**

2、同友会は、相互に資質を高め、知識を吸収し、これからの経営者に要求される総合的な能力を身につけることをめざします。…………**良い経営者になろう**

3、同友会は、他の中小企業団体とも提携して、中小企業をとりまく、経済・社会・政治的な環境を改善し、中小企業の経営を守り安定させ、日本と北海道経済の自主的・平和的な繁栄をめざします。…………**良い経営環境をつくろう**

事務所所在地

一般社団法人　北海道中小企業家同友会（札幌支部、南空知支部）
〒060-0906　札幌市東区北6条東4丁目1番地7　デ・アウネさっぽろビル13階
電話（011）702－3411　ホームページ https://hokkaido.doyu.jp

◆**道北あさひかわ事務所**（道北あさひかわ支部）
〒070-0035　旭川市5条通8丁目1703　電話（0166）29－6663

◆**函館事務所**（函館支部）
〒042-0943　函館市乃木町8番15号　電話（0138）51－8800

◆**とかち事務所**（とかち支部）
〒080-0802　帯広市東2条南5丁目1番地　電話（0155）22－3611

◆**くしろ事務所**（くしろ支部）
〒085-0016　釧路市錦町5丁目3番地　三ツ輪ビル5階　電話（0154）31－0923

◆オホーツク事務所（オホーツク支部）
〒090-0015 北見市公園町1番地2　電話（0157）23-4110

◆しりべし・小樽事務所（しりべし・小樽支部）
〒047-0031 小樽市色内1丁目9番6号　電話（0134）25-9191

◆苫小牧事務所（苫小牧支部、西胆振支部）
〒053-0022 苫小牧市表町1丁目1番13号　苫小牧経済センタービル4階
電話（0144）36-9080

中小企業家同友会全国協議会
〒102-0074 東京都千代田区九段南4丁目7番16号　市ヶ谷KTビル3階
電話（03）5215-0877　ホームページ https://www.doyu.jp/

わが人生 わが経営【第2集】

発行日　２０２１年10月５日

制作　一般社団法人 北海道中小企業家同友会

〒060-0906 札幌市東区北６条東４丁目１番地７
デ・アウネさっぽろビル13階
TEL（０１１）７０２-３４１１ FAX（０１１）７０２-９５７３
ホームページ https://www.hokkaido.doyu.jp/
電子メール info@hokkaido.doyu.jp

発行　株式会社共同文化社
〒060-0033 札幌市中央区北３条東５丁目５番地91
TEL（０１１）２５１-８０７８ FAX（０１１）２３２-８２２８
http://kyodo-bunkasha.net/

装丁　須田照生

印刷・製本　株式会社アイワード

ISBN978-4-87739-358-8